Augusto Boal und Christoph Schlingensief

–

Zwei Rebellen in der Theaterlandschaft

Brigitte Bauer

AUGUSTO BOAL UND CHRISTOPH SCHLINGENSIEF

ZWEI REBELLEN IN DER THEATERLANDSCHAFT

Eine Vergleichsstudie ihrer spezifischen Arbeitsweisen

ibidem-Verlag
Stuttgart

Bibliografische Information der Deutschen Nationalbibliothek
Die Deutsche Nationalbibliothek verzeichnet diese Publikation in der Deutschen Nationalbibliografie; detaillierte bibliografische Daten sind im Internet über http://dnb.d-nb.de abrufbar.

Bibliographic information published by the Deutsche Nationalbibliothek
Die Deutsche Nationalbibliothek lists this publication in the Deutsche Nationalbibliografie; detailed bibliographic data are available in the Internet at http://dnb.d-nb.de.

Coverabbildung: © TWVogel / PIXELIO

∞

Gedruckt auf alterungsbeständigem, säurefreien Papier
Printed on acid-free paper

ISBN-10: 3-8382-0098-5

ISBN-13: 978-3-8382-0098-9

Printed in Germany

Als Dank für die Innovationen und Impulse
von zwei außergewöhnlichen Menschen:

Augusto Boal
16. März 1931– 02. Mai 2009

Christoph Schlingensief
24. Oktober 1960 – 21. August 2010

Die Studie entstand zu Lebzeiten von Christoph Schlingensief; entsprechend sind die Ausführungen über seine Person formuliert.

Möge diese Studie zur weiteren Beschäftigung und Auseinandersetzung mit der jeweiligen Arbeit beider Theatermacher anregen.

Inhaltsverzeichnis

Die Zeit der Kunst ist eine andere Zeit als die der Politik.
Das berührt sich nur manchmal. Und wenn man Glück hat, entstehen Funken.

Heiner Müller, in: Christoph Rüter, Die Zeit ist aus den Fugen, 1990

Vorwort

Die vorliegende Studie von Brigitte Bauer befasst sich mit zwei Exponenten des politischen Theaters bzw. der politischen Aktionskunst, die bei aller Unterschiedlichkeit in der Herkunft und im künstlerischen Ansatz doch erstaunliche Gemeinsamkeiten aufweisen und es verstehen bzw. verstanden haben, Funken aus der Reibung von Theater und Politik zu schlagen.

Der eine – Augusto Boal – ist die wichtigste Leitfigur der Theaterpädagogik seit Bertolt Brecht und könnte der Vater des anderen – Christoph Schlingensief – sein. Und auch hinsichtlich der Herkunft und des zeitlichen Kontextes könnten die Unterschiede kaum größer sein.

Augusto Boal – der im Mai 2009 verstorben ist – begann Ende der 50er Jahre in Brasilien seine Theaterreformen, bevor er die Folgen der seit 1964 einsetzenden Militärdiktatur am eigenen Leib spüren musste. Christoph Schlingensief wurde 1960 in Oberhausen geboren, als die Bundesrepublik sich im Wirtschaftswunderfieber befand. Und er begann gerade mit seiner künstlerischen Arbeit, als Boal sein zehnjähriges Exil in Europa beendet hatte und nach Brasilien zurückgekehrt war, um dort als Stadtverordneter in Rio de Janeiro Theater und Politik auf eine ganz besondere Weise zu verschränken.

Auf den ersten Blick entdeckt man – neben dem Interesse an der Politik – erst einmal nur wenig Gemeinsamkeiten: Hier der eher pädagogisch operierende Boal, bei dem die Zuschauer im Mittelpunkt des Bühnengeschehens stehen und gemeinsam nach Lösungen suchen. Dort Schlingensief, der Provokateur und „Politclown“ vom Dienst, der vor allem sich selbst in den Mittelpunkt seines Werks zu stellen scheint.

In der Tat sind in Boals „Theater der Unterdrückten“ die Zuschauer zugleich Akteure und Regisseure in einem – ganz gleich ob es sich dabei um das klassische Forumtheater oder um seine neueren Theaterübungen handelt, die eine noch größere Verwandtschaft mit therapeutischen Ansätzen wie dem Psychodrama aufweisen. Dabei besticht, dass Boals Techniken sowohl auf der Theaterprobe, in gruppenpädagogischen Prozessen, im Rahmen von politischer Animation als auch im therapeutischen Rahmen eingesetzt werden können. Vor allem aber rückt Boal nicht nur die Systeme Kunst und Politik näher aneinander, sondern auch die von Therapie und Politik, die die gesellschaftlichen Missstände aus seiner Sicht lediglich von unterschiedlichen Seiten angehen sollten:„Therapy is the politics of the person and politics is the therapy of the society“ (Boal, o.A.).
Und in der Tat sind im Gegensatz dazu die Projekte, Aufführungen und Aktionen des Universalkünstlers Schlingensief – der seit Mitte der 80er Jahre als Schauspieler, Regisseur, Filmemacher und Aktionskünstler Publikum wie Kritiker gleichermaßen in seinen Bann zieht wie verstört – nicht ohne seine Person denkbar. Schlingensief ist bei all seinen Projekten Akteur, Animateur, Regisseur, Moderator und Dramaturg in einer Person.

Brigitte Bauer stellt jedoch neben diesen Unterschieden eine Reihe verblüffender Gemeinsamkeiten heraus. Boal wie Schlingensief bemühen sich beide um eine Neudefinition des Theaters auch im Verhältnis zur gesellschaftlichen Aussagekraft. Beide beziehen das Publikum als dialogischen Partner in die künstlerische Arbeit mit ein. Beide sind Grenzgänger auch im Sinne einer friedlichen Rebellion gegen die herrschenden Verhältnisse.
Und es gibt noch eine weitere Parallele: So wie Boal sein neues Theaterkonzept im Rahmen der Alphabetisierungsprogramme von Paulo Freire für die einfache Landbevölkerung entwickelte, so engagiert sich Schlingensief heute für ein Hilfsprogramm für Burkina Faso, das sogenannte „Operndorf“, das auch ein Krankenhaus und eine Schule umfasst.

Und schließlich wurden Boal wie Schlingensief mit wichtigen Preisen geehrt: Boal von der UNESCO mit der Pablo-Picasso-Medaille sowie mit dem Titel „Weltbotschafter des Theaters“ und Schlingensief am 02.März 2010 mit dem Helmut-Käutner-Preis.

Brigitte Bauers Studie macht daher auf exemplarische Weise deutlich, dass zwischen den unterschiedlichen Denk- und Handlungssystemen der Kunst, der Politik, der Pädagogik sowie der Therapie „Funken schlagende“ Reibungen und Aufsehen erregende Verbindungen möglich sind.

Prof. Dr. Jürgen Weintz

1. Einleitung

Motivation und Zielsetzung

Unsere Gegenwart scheint geprägt zu sein von einer gewissen Gleichgültigkeit gegenüber den politischen und sozialen Verhältnissen. Es herrscht eine Tendenz zur Bequemlichkeit vor sowie eine Neigung, schwierigen Themen aus dem Weg zu gehen und sich der sozialen Verantwortung zu entziehen.

Vor dem Hintergrund eines kulturpädagogischen Selbstverständnisses, das die aktive Teilhabe möglichst vieler Menschen am kulturellen und gesellschaftlichen Leben anstrebt, ist es unerlässlich, nach Gegenströmungen zum oben genannten Klima sozialer Gleichgültigkeit Ausschau zu halten. Und in der Tat gibt es inmitten des hedonistischen und konsumorientierten Mainstreams durchaus Positionen, die zur kritischen Auseinandersetzung und Eigeninitiative anregen. Augusto Boal und Christoph Schlingensief zeigen mit ihren spezifischen Theaterarbeiten Formen, sich dieser Aktivierungsaufgabe zu stellen. Ihre Praktiken beschäftigen sich in unterschiedlicher Weise mit den vorhandenen gesellschaftlichen Missständen. Mit ihren jeweils individuellen künstlerischen Konzepten eröffnen Augusto Boal und Christoph Schlingensief eine neue Dimension der Wahrnehmung und Bewusstmachung herrschender politischer und sozialer Verhältnisse, die sie als Rebellen in der Theaterlandschaft erscheinen lässt.

Das Hauptanliegen dieser Studie ist es, diese These zu überprüfen sowie Unterschiede, aber auch Gemeinsamkeiten zwischen der Arbeitsweise Augusto Boals und Christoph Schlingensiefs herauszustellen.

Dazu bedarf es einer ausführlichen Darstellung des brasilianischen Theatermachers Augusto Boal und seiner speziellen Arbeit. Die wichtigsten Stationen in der Biographie Boals sowie die Einflussnahme des deutschen Theatermachers Bertolt Brechts und des brasilianischen Pädagogen Paulo Freires auf seine Arbeit werden zunächst vorgestellt. Ihnen kommt für die Ausrichtung des von Boal entwickelten Theaters der Unterdrückten eine immense Bedeutung zu. Zum Verständnis der Entstehungsgeschichte dieser Theaterform und zur Eingliederung in den historischen Kontext sind diese Hintergrundinformationen unabdingbar. Um das Theater der Unterdrückten als ein wirkungsvolles Handlungsmodell zur Bewusstseinsschaffung und Aktivierung der Bevölkerung herauszustellen, werden die essentiellen Gedanken und Prinzipien von Boal im Hinblick auf seine Theaterarbeit erörtert. Dies impliziert Boals eigene Auffassung des allgemeinen Theaterbegriffs sowie die Darlegung seiner Grundsätze und der besonderen Rolle des Zuschauers.

Diese Informationen dienen der Einordnung Augusto Boals in der Theaterlandschaft, in welcher die rebellischen Züge Boals herauszukristallisieren sind. Dabei konzentriert sich die Studie vornehmlich auf die politische und theatralische Dimension des Theaters der Unterdrückten. Seine therapeutische Ausrichtung ist für die Erläuterung der These nicht relevant und findet in den Ausführungen deshalb kaum Erwähnung.

Die besondere Vorgehens- und Darstellungsweise von Boals Theaterarbeit wird anhand von zwei seiner Methoden skizziert, die speziell für das Aufzeigen und Thematisieren von politisch und sozial unzulänglichen Situationen verwendet werden.

Somit ist eine fundierte Grundlage zum Verständnis von Augusto Boals Theaterarbeit geschaffen, die seine Einordnung als Rebellen in der Theaterlandschaft zulässt. Die Ausführungen beziehen sich dabei primär auf Boals 'Theater der Unterdrückten. Übungen und Spiele für Schauspieler und Nicht-Schauspieler' (vgl. Boal, 1989) und 'Der Regenbogen der Wünsche' (vgl. Boal, 1999) sowie auf verschiedene Sekundärliteratur zu Boals Theaterarbeit (vgl. Kap 6).

In ähnlicher Weise erfolgt im zweiten Teil dieser Studie die Auseinandersetzung mit Christoph Schlingensief. Angesichts mangelnder wissenschaftlicher Veröffentlichungen über ihn stützt sich diese Studie bei der Vorstellung seiner Person und seiner Theaterarbeit vornehmlich auf die Informationen der offiziellen Website von Christoph Schlingensief sowie auf seinen Aussagen in den Medien. Aufgrund dieser Umstände und dem, im Vergleich zu Boal, kürzeren Lebens- und Schaffenswerk Schlingensiefs fallen die Ausführungen über ihn in knapperer Form aus und umfassen eine Darstellung bis zum jetzigen Zeitpunkt.

Im zweiten Teil der Studie wird zunächst auf die Biographie Schlingensiefs eingegangen. Die ersichtlichen Einflüsse des Dadaismus und des deutschen Künstlers Joseph Beuys auf Schlingensiefs Arbeit werden im Anschluss vorgestellt. Diese Ausarbeitungen dienen einem leichteren Zugang zu Schlingensief.

Darauf aufbauend werden die wesentlichen Elemente seiner Theaterarbeit, die deutlich rebellische Züge aufweisen, ermittelt. Nachfolgend wird seine Einstellung zum Theaterbetrieb betrachtet und die besondere Rolle, die dabei dem

Publikum zukommt. Zur Verdeutlichung der individuellen Herangehensweise Schlingensiefs wird ein wirkungsvolles Beispiel aus der Praxis aufgeführt.
Die Ausführungen über Schlingensiefs Arbeit beziehen sich in erster Linie auf seine dramaturgischen Werke – ausgenommen seiner Filme, da sie keine wesentliche Rolle spielen, um ihn als Rebell in der Theaterlandschaft auszuzeichnen.
Eine fundierte Basis konnte durch die Darstellung der Biographien, Einflussquellen, individuellen Arbeitsweisen und -prinzipien, speziellen Theatermethoden sowie Praktiken beider Theatermacher geschaffen werden.
Im letzten Teil der Studie wird herausgearbeitet, warum beide Theatermacher als Rebellen in der Theaterlandschaft bezeichnet werden können. Dabei werden die entscheidenden Gründe für diese Einordnung aufgeführt sowie Gemeinsamkeiten und Unterschiede in den Arbeitsweisen ermittelt.
Mit einer kritischen Schlussbemerkung, welche den Bogen zur Bedeutung der vorgestellten rebellischen Theaterarbeit für die Kulturpädagogik spannt, nimmt die vorliegende Studie ihr Ende.

2. Augusto Boal und das Theater der Unterdrückten

„Ich glaube an all die Dinge, die dank des Theaters sichtbar gemacht werden können." (Boal, 1999: 7) Mit dieser Auffassung entwickelt Augusto Boal anerkannte Techniken im Bereich der Theaterpädagogik. Von seiner Heimat Brasilien ausgehend entstehen zunächst im lateinamerikanischen Raum unter Boal „[...] Volkstheaterformen, die Probleme von unterprivilegierten Bevölkerungsgruppen aufgreifen und soziale Veränderungen anregen [...]" (Weintz in: Boal, 1999: 7) wollen.
Sein Theater der Unterdrückten sucht dazu „[...] außerhalb des institutionalisierten Kunsttheaters andere Produktions- und Spielformen, andere Themen, Spielorte und nicht zuletzt eine neue Beziehung zum Zuschauer" (Sting in: Fischer-Lichte u.a., 2005: 349). Das zentrale Thema für Boal ist die „[...] Über-

windung von Repression und Anpassung [...]" (Weintz in: Boal, 1999: 8). Das Theater der Unterdrückten soll als politische Aktionsmethode fungieren, bei der „[...] lehren und lernen [...]" (Boal, 1989: 68) im Vordergrund stehen. „Alle sollen gemeinsam lernen, Zuschauer und Schauspieler, keiner ist mehr als der andere, keiner weiß es besser als der andere: gemeinsames Lernen, Entdecken, Erfinden, Entscheiden!" – so Augusto Boal (Boal zit. n. Ehlert, 1986: 34).

Diese grundlegenden Charakteristika des Theaters im Sinne von Boal sollen dem Leser[1] einen ersten Eindruck verschaffen, in welche Richtung sich seine Arbeit wendet. In den folgenden Kapiteln wird diese differenzierter dargestellt, um ein besseres Verständnis für Boals Idee eines politisch motivierten Mitspieltheaters zu entwickeln. Aus diesen Erläuterungen lassen sich die rebellischen Züge seiner Theaterarbeit ableiten.

Zunächst folgt eine Beschreibung seines Lebensweges, der die Entwicklung seiner Theaterformen maßgeblich beeinflusst hat.

Augusto Boal bei der Vermittlung seiner Theaterform in Berlin 2008

[1] Aus Gründen der sprachlichen Vereinfachung und zur besseren Lesbarkeit wird im nachfolgenden Text auf die jeweils doppelte Personenbezeichnung in männlicher und weiblicher Form verzichtet. Mit allen im Text verwendeten Personenbezeichnungen sind stets beide Geschlechter gemeint.

2.1 Zur Person Augusto Boal und den Anfängen seiner Theaterarbeit

Augusto Boal ist 1931 in Rio de Janeiro geboren und somit in einem Land aufgewachsen, in dem die Schere zwischen Arm und Reich weit auseinander driftet. Nach seinem Studium der Industriechemie und Theaterwissenschaften in New York in den frühen 50er Jahren kehrt Boal nach Brasilien zurück und übernimmt von 1956 bis 1971 die künstlerische Leitung des *Teatro de Arena*, einem kleinen Theater im Zentrum São Paulos (vgl. Haug, 2005: 44). In dieser Zeit entwickelt er erste Ideen für eine neue Form des brasilianischen Volkstheaters und trägt zu einer Umwandlung des Theaters bei. Eine Schauspieler- und Dramatiker-Werkstatt wird von ihm ins Leben gerufen, in der kontinuierlich an neuen Formen, Stilen und Stoffen gearbeitet wird. Die Schauspielmethoden Stanislawskis und die Stücke und Schriften Brechts werden dazu zu Rate gezogen. Nach anfänglichen Aufführungen von Steinbeck, Sean O`Casey, Sidney Howard und Brecht folgen ab dem Jahre 1958 eigene sozialkritische brasilianische Stücke wie *Eles nao usam Blackties* (dt. *Weg mit den Krawatten*) (vgl. Thorau in: Boal, 1989: 12). Ab diesem Zeitpunkt setzt das *Teatro de Arena* unter der Leitung Boals den gängigen, an europäischen Vorbildern orientierten Theaterformen in Brasilien ein neues Volkstheater entgegen. Die Stücke, die sich mit der brasilianischen Wirklichkeit auseinandersetzen und sich an die Menschen am Rande der Gesellschaft richten, entstehen im Kollektiv zwischen Boal und seinen Mitarbeitern. Die Umsetzung erfolgt mit geringem Aufwand für Bühnenbild und Kostüme in der Sprache des Volkes (vgl. Ehlert, 1986: 36). Das *Teatro de Arena* präsentiert seine Stücke, die kritische Fragen aufwerfen und zur Auseinandersetzung und Beteiligung des Publikums anregen, aber nicht nur im eigenen Theaterhaus. Um die gewünschte Zielgruppe, die ärmere Bevölkerung Brasiliens, zu erreichen, gastiert die Gruppe um Boal regelmäßig in Dörfern und *favelas* (dt. *Armenviertel/Elendsviertel*) außerhalb von São Paulo (vgl. Axter, 2001: 14). Dort wird auf Versammlungsplätzen, vor Kirchen, auf Lastwagen und in Zirkuszelten gespielt. Auch an Straßenaktionen im Zuge des Alphabetisierungsprogramms Paulo Freires, auf den im Folgenden noch näher eingegangen wird, beteiligt sich Boal mit dem *Teatro de Arena* und zeigt Präsenz bei der Bevölkerung im Hinterland. Dabei entstehen Agitations- und Propagandastücke, die gemeinsam mit Arbeitern und Bauern dramaturgisch ausgearbeitet und inszeniert werden. (vgl. Thorau in: Boal, 1989: 12)

Die verschiedenen Aktivitäten mit seinem Theater führt Boal vor dem Hintergrund einer sich wandelnden politischen Landschaft aus. Ende der 50er, Anfang der 60er Jahre beginnen sich unter der Regierung von Präsident Goulart Liberalisierungstendenzen in Brasilien auszubreiten. Arbeiter- und Bauerngewerkschaften werden gegründet, die Studentenbewegung gewinnt an Einfluss, das Wahlrecht für Analphabeten wird eingeführt und tausende Volkskulturzentren entstehen, deren vordergründige Aufgabe die Alphabetisierung der Landbevölkerung und der *favela*-Bewohner der Großstädte ist (vgl. Axter, 2001: 14). Nach der Methode der Pädagogik der Unterdrückten von Paulo Freire wird die Alphabetisierung auch als Politisierung verstanden (vgl. Thorau in: Boal, 1989: 10). Ebenso wie das Alphabetisierungsprogramm bildet auch das *Teatro de Arena* mit seinem emanzipatorischen Ansatz einen Teil der *cultura popular* (dt. *Volkskultur*). Diese schnell anwachsende Bewegung zu Beginn der 60er Jahre, die hauptsächlich von Studenten und progressiven Teilen der Katholischen Kirche getragen wird (vgl. Baumann, 2001: 3), strebt die *conscientizacao* (dt. *Bewusstmachung*) der brasilianischen Bevölkerung an – einen „[...] Lernvorgang, der nötig ist, um soziale, politische und wirtschaftliche Widersprüche zu begreifen und um Maßnahmen gegen die unterdrückerischen Verhältnisse der Wirklichkeit zu ergreifen“ (Freire, 1973: 25, Fußnote 1). Boals Theaterstücke spiegeln dabei die brasilianische Realität mit ihren brisanten Themen wie den Elends- und Korruptionsverhältnissen im Land wider.

Im April 1964 wird dem ein Ende gesetzt. Die populistische Regierung des Präsidenten Goularts wird durch das rechte Militär gestürzt (vgl. Baumann, 2001: 3). Infolge dessen werden Gewerkschaften und Studentenorganisationen aufgelöst, Redaktionen sowie Volkskulturzentren geschlossen und Geistliche werden vor Gericht gestellt oder verfolgt. Von der Zensur wird Realismus im Theater untersagt (vgl. Axter, 2001: 16) und Boals bisherige Theaterarbeit somit verboten. Diese Umstände veranlassen Boal, sich den alten und modernen Klassikern der internationalen Theaterliteratur zuzuwenden. Doch trotz der erschwerten politischen Bedingungen und der auferlegten Zensur verliert Boal seine Botschaft, die sozialen und politischen Ungleichheiten und die daraus resultierende Unterdrückung aufzudecken, nicht aus den Augen. Boal versucht den subversiven Gehalt der Klassiker in seinen Aufführungen herauszuarbeiten und somit

Parallelen oder Fabeln zu finden, die auf die herrschenden brasilianischen Verhältnisse anspielen. Sein *Teatro de Arena* sucht dazu auch weiterhin unkonventionelle Spielorte, wie beispielsweise Dorfplätze, für seine Darbietungen auf. An die Vorstellungen schließen sich oft lange Diskussionen an, in denen die Zuschauer häufig Veränderungen im Stück vorschlagen, die bei den Schauspielern Anklang finden. (vgl. Thorau in: Boal, 1989: 13)

> „Das TEATRO DE ARENA reagiert schon im Jahr 1963 auf die Veränderung der politischen Situation und die Verschärfung der Zensur mit der Nationalisierung von Theaterklassikern. Bereits 1961 hatte die Kompanie bei einer Tournee durch den Nordosten *O melhor Juís o Rei* von LOPE DE VEGA in einer adaptierten Fassung gezeigt, die den Stoff in einen zeitgenössischen, sozialkritischen Kontext stellt." (Hilger, 1991: 80)

Neben der Inszenierung von Klassikern wie Molière, Macchiavelli und Lope de Vega entwickelt das *Teatro de Arena* ein neues Genre. Aus Text und Musik werden revueartige Collagen inszeniert, in die auf der Straße durchgeführte Umfragen, Politikerreden und Zeitungstexte eingearbeitet werden und bei deren Präsentation großer Wert auf die aktive Beteiligung des Publikums gelegt wird. Mit *Arena conta Zumbi* (dt. *Arena erzählt Zumbi*), welches auf diese Weise entstanden ist und zu den bedeutendsten Produktionen des *Teatro de Arena* zählt, setzt Boal einen entscheidenden Grundstein für seine spätere Theaterarbeit. Er wendet sich ab von der konventionellen Theaterform mit all ihren Regeln, Vorschriften und Gesetzen und versucht eine Annäherung zwischen Publikum und Schauspielern herzustellen. (vgl. Thorau in: Boal, 1989: 14) Dazu führt er das Jokersystem ein, indem er einen Joker als Verbindungsperson zwischen Publikum und Schauspielern agieren lässt. Der Joker steht dem Publikum näher als den Darstellern und kann die Aufführung unterbrechen, Fragen aufwerfen, Behauptungen in den Raum stellen, Diskussionen anregen und Szenen wiederholen lassen. (ebd.)

> „Dieser ist eine Figur, die in die Welt der Zuschauer gehört, eine Art Erzähler, der, wann immer das Publikum zusätzliche Informationen zum Verständnis des Spiels braucht, aus dem Geschehen heraustritt und die einzelnen Figuren befragt." (Adler, 1982: 134)

Eine weitere Innovation ist die Neuverteilung der Rollen bei den Darbietungen. Boal setzt ein System ein, bei dem jeder Schauspieler alle Figuren spielen kann und sich somit von einer festen Rollenzugehörigkeit befreit. Das Problem von Einfühlung und Reflexion versucht Boal durch den Joker zu lösen, indem die Zuschauer sich während der Vorstellung in die dargestellte Figur einfühlen können und gleichzeitig durch den Joker zur differenzierten Analyse angeregt werden. (ebd.)

Auf dieser Neuerung aufbauend entwickelt Augusto Boal seine Theaterpraxis fortlaufend weiter. Es entstehen die ersten Techniken des Zeitungstheaters, bei dem Boal einen Schritt weitergeht und seine Zuschauer zu Produzenten und Regisseuren ihres eigenen Theaterspiels macht. Das Zeitungstheater ist nicht nur eine gute Abwehrstrategie gegenüber der Zensurbehörde, in deren Kartei allein die üblichen Theaterformen geführt werden, sondern auch Antwort auf die immer härter werdenden Repressionen nach dem zweiten Staatsstreich im Dezember 1968 (vgl. Thorau in: Boal, 1989: 15).

Diese erste Form des Theaters der Unterdrückten ist durch seinen eigenständigen und neuen Ansatz, der dem Zuschauer das Wort erteilt, nach Ansicht Boals wirkungsvoller als alle konventionellen Theaterformen, von denen er sich ab diesem Zeitpunkt immer mehr entfernt (ebd.). Das Zeitungstheater, welches als erste und für lange Zeit auch einzige Form in Brasilien entstanden ist, markiert den Beginn des Theaters der Unterdrückten von Augusto Boal.

2.2 Der weitere Werdegang Boals und die Entwicklungen des Theaters der Unterdrückten

Die verschiedenen Stationen in Boals weiterem Lebensweg und die entsprechenden Entwicklungen und Arbeiten des Theaters der Unterdrückten werden dem Leser im Folgenden vorgestellt.

2.2.1 In Lateinamerika

Mit den Techniken des Zeitungstheaters versucht Boal auf die verschleiernde Berichterstattung in den brasilianischen Medien aufmerksam zu machen und sie aufzudecken. Dazu werden Zeitungsartikel und politische Reden in theatralischer Form vorgetragen, reflektiert und in einen gesellschaftlichen Kontext gebracht. Durch das Ergänzen von Hintergrundinformationen, das Zusammenführen mit konträren Meldungen und das Verfremden und Karikieren von Berichten möchte Boal die Manipulierbarkeit durch Sprache erfahrbar machen und die scheinbare Objektivität entlarven (vgl. Haug, 2005: 54). Damit stellt er die Glaubwürdigkeit und Unabhängigkeit der Presse in Frage und warnt vor der Beeinflussung und Machtausübung verfälschter Berichterstattung. Mit elf Techniken des Zeitungstheaters, die Boal in seinem Buch 'Theater der Unterdrückten. Übungen und Spiele für Schauspieler und Nicht-Schauspieler' ausführlich vorstellt (vgl. Boal, 1989), wirkt er bis zum 17. März 1971 in Brasilien. Dann wird er von der brasilianischen Geheimpolizei verhaftet und gefoltert, denn die Arbeit Boals mit dem *Teatro de Arena* und der ersten Form des Theaters der Unterdrückten wird für die regierende Militärdiktatur zu brisant und revolutionär. Nach drei Monaten kommt Boal dank internationaler Proteste wieder frei (vgl. Baumann, 2001: 4) und verlässt noch im selben Jahr seine Heimat. Bis 1976 lebt Augusto Boal in Argentinien, seinem ersten Exil. Dort arbeitet er kontinuierlich an seinen Ideen zum Theater der Unterdrückten weiter und entwickelt das Unsichtbare Theater als weitere Methode, um auf politische und soziale Missstände aufmerksam zu machen.

Unsichtbares Theater findet auf offener Straße statt, ohne dabei als Theater entlarvt zu werden. Als Spielorte bieten sich öffentliche Verkehrsmittel, Restaurants, Einkaufszentren usw. an. Die Schauspieler, die sich als solche nicht zu erkennen geben, wirken während der Vorstellung wie gewöhnliche Beteiligte der Szenerie. Mit dieser getarnten Theaterform konnte Boal in Argentinien den Schwierigkeiten, die mit einer öffentlich kritischen Äußerung verbunden waren, sowie der Zensurbehörde entgehen und gleichzeitig sein Theater der Bewusstmachung weiter praktizieren. Der Punkt 2.4.4 dieser Studie beschäftigt sich ausführlicher mit dem Unsichtbaren Theater.

Während eines mehrmonatigen Aufenthalts in Peru im Jahre 1973 folgt zunächst als weitere Neuerung das Statuentheater. Boal beteiligt sich an „[...] einer Alphabetisierungskampagne, die am Bildungskonzept Paulo Freires orientiert [...]" (Neuroth, 1994: 55) ist. Mit dem Einsatz der Körpersprache als Ausdrucksmittel reagiert Boal auf die Kommunikationsschwierigkeiten und Hemmungen seitens der Teilnehmer. Nicht nur durch Worte, sondern durch Bilder sollen sich die Teilnehmer im Statuentheater ausdrücken.

> „Jeder fügt die anderen zu einer Skulpturengruppe und bestimmt ihre Haltung bis hin zum Gesichtsausdruck. Die übrigen Teilnehmer werden gefragt, ob sie mit dem Bild einverstanden sind oder Veränderungen vornehmen wollen. Jeder darf den ersten Entwurf verändern. Wichtig ist, zu einem Bild zu gelangen, das als kollektive Vorstellung der Realität akzeptiert wird." (Boal, 1989: 53)

Zeitgleich mit dem Statuentheater entwickelt Boal weitere innovative Theaterformen. Die Methode der Simultanen Dramaturgie wird geboren. Hier gibt der Zuschauer die Idee vor und die Schauspieler setzen diese dann unmittelbar in Theaterszenen um (vgl. Boal, 1989: 51). Eine weitere Form bildet das Forumtheater – das sich zu einer legendären Methode in der heutigen Theaterpädagogik entwickelt hat. Auf die Methode und Technik des Forumtheaters wird im Verlauf der Studie noch näher eingegangen.
Nach seiner Rückkehr nach Argentinien befasst sich Augusto Boal mit der theoretischen Aufarbeitung der Kenntnisse und Neuerungen aus seinen praktischen Erfahrungen und Erlebnissen der Vergangenheit. In dieser Zeit entstehen einige der wichtigsten Schriften Boals, in denen er seine Auffassung von Theaterarbeit und seine Techniken beschreibt und dokumentiert.

2.2.2 In Europa

Aus politischen Gründen verlässt Boal 1976 Argentinien wieder und siedelt über nach Portugal, wo er für kurze Zeit eine Gastprofessur am Konservatorium in Lissabon annimmt (vgl. Neuroth, 1994: 56). Bereits zwei Jahre später schließt sich der Aufenthalt in Frankreich im bewegten Lebenslauf Boals an. In Paris gründet er das „[...] CEDITADE (*Centre d'étude et de diffusion des techniques actives d'expression* – Zentrum zum Studium und zur Verbreitung aktiver Ausdruckstechniken), das 1985 in CTO Paris (*Centre du Théâtre de l'opprime* – Zentrum des Theaters der Unterdrückten) umbenannt [...]" (Haug, 2005: 44) wird. Dieses Theaterzentrum leitet Boal bis zu seiner Rückkehr nach Brasilien im Jahr 1986. Das Zentrum soll der Weiterentwicklung, Vermittlung und Bekanntmachung der Methodenlehre Boals „[...] im gewerkschaftlichen, erzieherischen, politischen, theatralen und soziokulturellen Bereich [...]“ (Neuroth, 1994: 57) dienen und fungiert als Basis, von wo aus er bei Theaterfestivals in ganz Europa seine Theatertechniken vorstellt und in der Workshop-Euphorie der 70er/80er Jahre einen regelrechten Boal-Boom auslöst (vgl. Thorau in: Koch, Streisand, 2003: 314). Weitere zahlreiche Informationsveranstaltungen, Forumtheater-Aufführungen und Theaterkurse in vielen europäischen Ländern tragen ebenfalls dazu bei, das Theater der Unterdrückten in ganz Europa bekannt zu machen und zu etablieren.

Geprägt durch die politischen und kulturellen Verhältnisse und die Lebensbedingungen in Lateinamerika sieht sich Boal in Europa mit einer für ihn fremdartigen, da subtileren Form der Unterdrückung konfrontiert und reagiert in seiner Theaterarbeit entsprechend darauf.

> „Aber in diesen Workshops des Theaters der Unterdrückten kamen auch Formen der Unterdrückung zur Sprache, die mir neu waren: Einsamkeit, die Unfähigkeit mit anderen zu kommunizieren, die Angst vor der Leere. [...] In Lateinamerika tötet hauptsächlich der Hunger, in Europa ist Drogenmissbrauch eine häufige Todesursache. Ich begann, mir das Leiden von Menschen vorzustellen, die ihrem Leben aus Angst vor Leere oder vor Einsamkeit ein Ende setzen wollen. Ich fasste den Entschluss, diese Formen von seelischer Unterdrückung ernst zu nehmen und dagegen zu arbeiten.“ (Boal, 1999: 21)

Vor diesem Hintergrund entstehen die ‘prospektiven’ (untersuchenden) und ‘introspektiven’ (nach innen gerichteten) Techniken, die das Konzept des Theaters der Unterdrückten um eine therapeutische Dimension erweitern. Die bisherigen Techniken des Theaters der Unterdrückten sind in ihrer Entwicklung auf eine bestimmte politische Notwendigkeit zurückzuführen – auf die Bekämpfung ‘äußerer’ Formen der kollektiven Unterdrückung wie etwa Polizeigewalt, Korruption und Benachteiligung.

Bei den prospektiven und introspektiven Techniken handelt es sich dagegen um „[...] Methoden, die sich mit individuellen Problemen auseinandersetzen [...]“ (Neuroth, 1994: 68) und daher „[...] quasi-therapeutische Ziele [...]“ (Weintz in: Boal, 1999: 10) verfolgen.

„Diese neuen 'Techniken' wollen unter aktiver Beteiligung der gesamten Gruppe subjektive Wahrnehmungen, Erfahrungen, Interessen oder Konfliktlagen ergründen, die (vermeintlichen) Erwartungen des jeweiligen Umfelds kritisch in Betracht ziehen sowie Verhaltens- oder auch Beziehungsmuster aus verschiedenen Blickwinkeln beleuchten." (Weintz in: Wiegand, 2004: 13)

Die Hinwendung Boals zum therapeutischen Zweig der Theaterarbeit soll aber keineswegs als Abgrenzung zum politischen Bereich zu verstehen sein, sondern vielmehr als eine Erweiterung und Ergänzung zu einer neuen Disziplin des Theaters der Unterdrückten. Von Boal werden Methoden geschaffen, die gegen die geltenden europäischen, oft nicht sichtbaren „[...] Formen subtiler und internalisierter Unterdrückung (wie Kontaktarmut, Kommunikationsnot, Gefühl der Leere, Einsamkeit oder Selbstzerstörung) [...]" (Weintz in: Boal, 1999: 9) etwas ausrichten können. In seinem Buch 'Regenbogen der Wünsche' geht Boal explizit auf diese neuen Formen ein und präsentiert dazu zahlreiche Methoden wie die 'Polizist im Kopf'- Methode oder das 'Kaleidoskop-Bild'.
Durch den thematisch eng gefassten Rahmen, der dieser Studie zugrunde liegt, kann auf diese Formen nicht eingegangen werden.[2]

2.2.3 Nach der Rückkehr in Brasilien

Nach dem langjährigen Aufenthalt Boals in Europa, der mit der Arbeit am CTO, mehreren Lehraufträgen an Universitäten, zahlreichen Theateraufführungen, Workshops, der Entwicklung der prospektiven und introspektiven Methoden sowie mehrerer Niederschriften mit Erweiterungen zum Theater der Unterdrückten verbunden war, kehrt Boal 1986 nach Brasilien zurück. In Rio de Janeiro gründet Boal ein weiteres CTO – das *Centro do Teatro do Oprimido* (dt. *Zentrum des Theaters der Unterdrückten*) und kann somit seine Arbeit bezüglich des Theaters der Unterdrückten kontinuierlich weiterführen. Er bildet Kultur- bzw. Theateranimateure für das Schulwesen aus und beteiligt sich an der Gründung und Ausbildung zahlreicher brasilianischer Forumtheater-Gruppen (vgl.

[2] Deshalb empfiehlt sich zusätzlich die Lektüre von Boals 'Regenbogen der Wünsche' sowie Feldhendlers 'Psychodrama und Theater der Unterdrückten', in denen die therapeutischen Aspekte des Theaters der Unterdrückten dargestellt sowie die Gemeinsamkeiten und Abgrenzungen zum Psychodrama von J.L. Moreno herausgearbeitet werden (vgl. Boal, 1999; vgl. Feldhendler, 1987).

Weintz in: Boal, 1999: 9). Durch sein Engagement für die *Partido dos Trabalhadores* (dt. *Arbeiterpartei*), zu dessen Mitbegründern auch Paulo Freire zählt, wird Boal von 1992 bis 1996 in den Stadtrat von Rio de Janeiro gewählt. Die Stellung nützt Boal ab 1993 zur Erprobung und Umsetzung seiner jüngsten Methode – 'das Legislative Theater'.

Das Legislative Theater stellt eine der Königsdisziplinen des Theaters der Unterdrückten dar, denn sie geht über die Probe der Veränderungsmöglichkeiten hinaus und verlässt den Theaterraum. Sie strebt „[...] die Transformation der politisch-strukturellen Rahmenbedingungen an [...]" (Baumann, 2001: 23) und eröffnet neue Partizipationsmöglichkeiten im politischen Geschehen. Dabei handelt es sich nicht um eine neue Technik des Theaters der Unterdrückten, sondern um die Weiterentwicklung des Forumtheaters, bei der nun die „[...] Wünsche und Änderungsvorschläge des theaterspielenden Publikums in Protokollen festgehalten und von Rechtsexperten in konkrete Gesetzesinitiativen umgesetzt werden [...]" (Weintz in: Boal, 1999: 11). Die Parole Boals „Schluß mit einem Theater, das die Realität nur interpretiert; es ist an der Zeit, sie zu verändern" (Boal, 1989: 68) findet in dieser Methode ihre konkrete Umsetzung.

> „Ziel ist nicht mehr nur die Intervention in theatralisierte Realitäten und ihre Extrapolation in die Realität gesellschaftlicher Zusammenhänge, sondern die direkte Intervention in politische Strukturen." (Baumann, 2001: 23)

Das Legislative Theater greift also ins politische Geschehen ein und wirkt nachhaltig weiter, indem es die Absicht verfolgt, konkrete Gesetzesvorlagen zu formulieren und diese bestenfalls auch im Gesetzbuch zu verankern. Während seiner Mandatszeit gelingt es Boal mithilfe des Legislativen Theaters, „[...] 50 Initiativen zur Änderung von Gesetzen und Verwaltungsvorschriften zu entwickeln [...]" (Weintz in: Boal, 1999: 11) sowie dreizehn neue Gesetze zu erlassen. Darunter auch ein Gesetz „[...] zum Schutz von Kriminalitätsopfern und zum Schutz von Zeugen [...]" (ebd.), welches aufgrund der prekären Zustände auf den Straßen Brasiliens von hoher Bedeutung ist.

Trotz des Mandatverlusts von Boal im Jahr 1996 wird das Legislative Theater auch weiterhin praktiziert und in anderen brasilianischen Städten durchgeführt.[3]

---

[3] Ausführliche Informationen bezüglich des Legislativen Theaters finden sich in dem Werk 'Von der Politisierung des Theaters zur Theatralisierung der Politik. Theater der Unter-

Nach der vierjährigen Tätigkeit im Stadtparlament widmet sich Boal wieder verstärkt der Arbeit am CTO in Rio de Janeiro und vermittelt seine Theatertechniken nun auch „[...] an arrivierten Bühnen wie der britischen Royal Shakespeare Company [...]“ (Weintz in: Boal, 1999: 9). Boal führt seine Vermittlungsarbeit des Theaters der Unterdrückten – auch außerhalb von Lateinamerika – beständig weiter. Seine unverminderte Reiselust unterstützt die Verbreitung seiner Theateridee in der Welt.
1994 würdigt die UNESCO seine Arbeit mit der Pablo-Picasso-Medaille und erkennt das Theater der Unterdrückten als Methode des sozialen Wandels an (vgl. Schumacher/Beck in: Brauneck, Beck, 2007: 83). Die Internationale Organisation des Theaters der Unterdrückten (ITO) wird unter Boals Präsidentschaft als Dachverband für die weltweit nach seinen Methoden arbeitenden Gruppen gegründet (vgl. ebd.).
1996 erhält Augusto Boal gemeinsam mit Paulo Freire die Ehrendoktorwürde der Universität Nebraska (vgl. ebd.).

2.2.4 Bis zu seinem Tode

Augusto Boal zählt zu den international bedeutendsten und wichtigsten Theaterpädagogen. Seine Methoden des Theaters der Unterdrückten, insbesondere das Forumtheater und das Statuentheater, gehören mittlerweile zu den Klassikern der Theaterpädagogik (vgl. http://www.off-theater.de/boal/index.php). Mit unermüdlichem Engagement setzt sich der Brasilianer für die Verbreitung seines Theaterkonzepts ein, welches sich wie folgt definiert:

> „Das Theater der Unterdrückten ist eine weltweite, gewaltlose und ästhetische Bewegung, die sich für einen Frieden ohne Passivität einsetzt. [...] Auf Grund seines humanistischen und demokratischen Charakters wird es in aller Welt umfassend eingesetzt, in allen sozialen Bereichen wie: Bildung, Kultur, Politik, Sozialarbeit, Psychotherapie, Alphabetisierungsprogrammen sowie der Gesundheitsförderung.“ (ITO, 2004: 68)

---

drückten im Rio de Janeiro der 90er Jahre' von Till Baumann (vgl. Baumann, 2001) sowie in der Magisterarbeit 'Augusto Boals Legislatives Theater als Instrument der politischen Partizipation? Möglichkeiten und Grenzen des politisch engagierten Theaters' von Andrea von Lehmden (vgl. Lehmden, 2003).

Der Verdienst für Boals Hingabe ist die Umsetzung der Methodik des Theaters der Unterdrückten in mittlerweile hunderten von Gruppen in 70 Ländern, sowie seine Nominierung für den Friedensnobelpreis im Jahre 2008 (vgl. Britto, http://www.arge-forumtheater.at/content/view/82/2/).

> „Augusto Boal hat auf der ganzen Welt hunderttausende Menschen für Theater begeistert und innerhalb der Theaterpädagogik immer wieder die möglichen politischen, pädagogischen, therapeutischen und künstlerischen Aspekte des Theaterspiels ins Bewusstsein gehoben." (http://www.off-theater.de/boal/index.php)

Im Alter von 78 Jahren stirbt Augusto Boal am 02. Mai 2009 in seiner Heimat Brasilien[4]. Über seinen Tod hinaus lebt die Idee des Theaters der Unterdrückten weiter und wird von verschiedenen Multiplikatoren weltweit verbreitet.

Augusto Boal beim Workshop *Theater and sensitive thinking* im Juni 2008 in Berlin

[4] „Es gibt einen kleinen Trost: Augusto Boals Sohn Julian, der seit 10 Jahren gemeinsam mit seinem Vater in aller Welt Workshops, Projekte und Vorträge durchgeführt hat, wird die Theateridee von Augusto Boal weitertragen und mehr und mehr zu seinem eigenen Anliegen machen." (http://www.off-theater.de/boal/index.php)

2.3 Einflüsse auf die Entwicklung des Theaters der Unterdrückten

Auf dem Weg zum Theater der Unterdrückten wird Boal durch unterschiedliche Strömungen der Zeit beeinflusst und von Ideen anderer Personen inspiriert, die auch unterschwellig in seinem Theaterkonzept zu erkennen sind. So ist dort beispielsweise „[...] das Prinzip der „Priorität der Emotionen", d.h. der Priorität des emotionalen Gedächtnisses in der Verkörperung einer Rolle [...]" (Feldhendler, 1987: 27) von Konstantin Stanislawski wieder zu finden. Ebenso existieren viele Analogien und Parallelen zu Jakob Levy Moreno, dem Schöpfer des Psychodramas. Henry Thorau vertritt in seiner Dissertation über das Theater der Unterdrückten sogar die Ansicht, dass ohne den Einfluss von Moreno Augusto Boals Forumtheater nicht denkbar wäre (vgl. Thorau, 1982: 50). Die starke Verbindung von Moreno und Boal wird in Daniel Feldhendlers 'Psychodrama und Theater der Unterdrückten' dargestellt (vgl. Feldhendler, 1987).
Auch die Beschäftigung mit klassischen Theaterautoren wie Molière und William Shakespeare finden in der Ausprägung des Theaters der Unterdrückten Beachtung.
Im gesellschaftlich-politischen Bereich lässt sich Boal von dem Gedankengut von Karl Marx sowie von den revolutionären Strömungen im Zusammenhang mit Che Guevara und Lateinamerika anregen. Entsprechend gründet die politische Gesinnung des Theaters der Unterdrückten darauf.
Für die Studie sind die maßgeblichen Einflüsse auf Boals Theaterarbeit allein auf zwei Personen beschränkt. Zum einen auf Bertolt Brecht, der Boal im ästhetisch-theatralen Bereich grundlegend geprägt hat. Zum anderen auf Paulo Freire, der mit seiner Pädagogik der Unterdrückten ausschlaggebend für die Orientierung des Theaters der Unterdrückten war. Auf diese beiden Persönlichkeiten mit ihren unterschiedlichen Arbeitsformen wird in den anschließenden Kapiteln näher eingegangen.

2.3.1 Die Theatertheorie Bertolt Brechts

In der Theaterarbeit Augusto Boals finden sich schon früh die ersten Spuren Bertolt Brechts. Bereits als Leiter des *Teatro de Arena* in Brasilien greift Boal in seiner Schauspiel- und Dramatikerwerkstatt und bei seinen Inszenierungen auf Brecht zurück, insbesondere auf dessen Ansatz, „[...] dass er die Gesellschaft als veränderungsfähig, als veränderbar bestimmt [...]“ (Boal, 1989: 158). Weitere Kennzeichen von Brechts Theaterarbeit werden im Folgenden kurz vorgestellt mit dem Hinweis, dass es sich dabei um einzelne Aspekte seiner Theaterform handelt, die für den thematischen Schwerpunkt dieser Studie maßgeblich sind. Bertolt Brechts Theorie vom epischen Theater möchte auf experimentelle Weise die Bedingungen des menschlichen Zusammenlebens und der sozialen Beziehungen ermitteln (vgl. Kreuder: in Brauneck, Beck, 2007: 99). Der Mensch und seine Beziehungsstruktur stehen deshalb im Mittelpunkt. Bestärkt durch die Gesellschaftstheorie Karl Marx fasst Brecht den Menschen als veränderndes und veränderliches Wesen (ebd.) auf, dessen Denken und Verhalten durch das gesellschaftliche Sein bestimmt wird (vgl. Hecht: in Hecht, 1986: 68). Diese Auffassung demonstriert Brecht in seinem epischen Theater und stellt den Menschen „[...] als Problem gefasst, als Fremdes, als zu Enthüllendes, als variable Größe, als Gegenstand eines analysierenden Experiments [...]“ (ebd.: 69) dar. Dem Zuschauer verweigert Brecht die Identifizierung mit dem Protagonisten und die Einfühlung in die Bühnenfiguren, da er stattdessen „[...] eine beurteilende, abwägende Haltung [...]“ (Steinweg, 1995: 34) vom ihm fordert, für die ein distanziertes Verhältnis benötigt wird. Der Zuschauer soll Betrachter der Handlungen sein und erhält die Aufgabe, „[...] das Verhalten der Personen auf der Bühne und ihre Beziehungen untereinander [...]“ (ebd.) zu begreifen, kritisch zu beurteilen und daraus für sich und das eigene Leben einen Nutzen zu ziehen. Um diese Wirkung zu erzielen, betont Brecht die Distanz zwischen Schauspieler und Bühnenfigur und lässt die zweifache Existenz des Schauspielers als Spieler und Figur (vgl. Ehlert, 1986: 22) in seinen Aufführungen deutlich in Erscheinung treten. Brecht möchte mit und in seinen Stücken weder Illusionen wecken noch eine Katharsis hervorrufen, wie sie Aristoteles versteht[5]. Stattdessen will er den Menschen mit politischen, sozialen, wirtschaftlichen und kulturellen Situationen konfrontieren und sie zur kritischen Auseinandersetzung anregen. Auch die Veränderbarkeit der Situationen und Handlungen in seinen Stücken versucht Brecht besonders zu betonen. Mit Hilfe von Verfremdungseffekten, die durch

[5] „In seiner *Poetik* behauptet Aristoteles, dass die Zuschauer bei einer <Tragödie> eine <Reinigung> erleben, und zwar dadurch, dass in ihnen «Jammer und Schaudern» (gr. *eleos* und *phobos;* früher übliche Übersetzung: Mitleid und Furcht) erregt wird.“ (Hügli, 1997: 315)

Techniken wie Projektionen/Tafeln, Liedern, die Hinwendung zum Zuschauer, kommentierende szenische Rückblenden (vgl. Abou-Esber, 1995: 72) erreicht werden, möchte Bertolt Brecht das scheinbar Natürliche, Selbstverständliche und von Gott Gegebene in Frage stellen und einen Perspektivenwechsel anregen.

> „Das Bühnengeschehen hat die Funktion, gesellschaftliche Widersprüche durch den Prozeß des Zeigens darzustellen und hervorzuheben; dies wiederum mit der Absicht, beim Publikum eine kritische Reaktion hervorzurufen: das Theater wird in ein dynamisches und soziales Ereignis verwandelt, statt wie eine Droge zu funktionieren, die das Publikum entfremdet." (Toro, 1991: 90)

In Brasilien ist Brecht schon in den fünfziger Jahren „[...] vorgestellt worden als Vertreter des sozialen Fortschritts, der auf einem Marxismus »[...] bar jeder orthodoxen Dogmatik« fußt und gleichzeitig als »kritischer Beobachter menschlicher Probleme, dessen sehnlichster Wunsch es ist, einer besseren Welt zur Entstehung zu verhelfen«." (Koudela in: Steinweg, 1995: 155)
Nach Boals Aussage ist ihm Brecht als Theoretiker hilfreich, da er Ordnung in seine Gedankenwelt bringt (vgl. Boal, 1989: 158). Von den aufgeführten Besonderheiten und Neuerungen der Theaterarbeit Brechts lässt sich Boal anregen und stimmt mit ihm in der Ablehnung der Poetik von Aristoteles überein. „Brechts System beruht auf einem neuen Verhältnis zum Publikum" (Smeliansky in: Hentschel u.a., 1997: 24). Die Idee der kritischen Haltung des Zuschauers greift Augusto Boal für seine Theaterarbeit auf und geht in seinen Forderungen weiter als Brecht.

> „Brecht hatte das gleiche im Sinn, er blieb jedoch, so glaube ich, auf halbem Wege stehen. Auch sein Theater ist kathartisches Theater. Es genügt nicht, dass der Zuschauer denkt – er muss zugleich handeln, sein Denken in die Tat umsetzen. Brecht trennt das Denken des Zuschauers von dem der Figur, er stellt sie sogar gegeneinander. Die Handlung verläuft weiterhin unabhängig vom Zuschauer, der ein Zuschauer bleibt. Wichtig aber ist, dass der Zuschauer handelt, dass er die Weltbilder, die ihm gezeigt werden, verändert, um dann die Welt selbst zu verändern: Das Theater ist ein Ort, wo Zukunft, Realität, Befreiung geprobt werden." (Boal, 1989: 98)

Eine besondere Wirkung und Inspiration für Boal haben die Lehrstücke Brechts. „Als solche bezeichnet Brecht nur Texte, welche allein für die Spielenden einen Sinn ergeben" (Steinweg, 1995: 16) und grenzt diese klar von seinen Schaustücken ab. Die Lehrstücke Brechts lehren dadurch, dass sie gespielt werden, nicht dadurch, dass sie gesehen werden (vgl. Brecht zit. n. Brauneck, 1982: 275). Dadurch kommen die Lehrstücke grundsätzlich auch ohne Zuschauer aus, wobei das keine Voraussetzung oder Bedingung darstellt. Trügerisch erscheint der Name, denn den Lehrstücken liegt keinerlei Lehre zugrunde wie etwa der Marxismus, noch handelt es sich um Thesenstücke.

> „Brechts Lehrstückkonzeption setzt dagegen [...] auf die szenische Erkundung von menschlichen Konfliktsituationen, ihre sinnliche Erfahrung durch Verkörperung." (Hentschel, 1996: 92)

Die philosophisch-pädagogischen Überlegungen, die den Lehrstücken nach Reiner Steinweg, einem international anerkannten Brecht-Forscher, zugrunde liegen, bezeichnet dieser als „[...] Theorie der politisch-ästhetischen Erziehung [...]" (Steinweg, 1972: o.S.), die im Körperausdruck ihren Ansatzpunkt findet.

> „Es liegt dem Lehrstück die Erwartung zugrunde, dass der Spielende durch die Durchführung bestimmter Handlungsweisen, Einnahme bestimmter Haltungen, Wiedergabe bestimmter Reden und so weiter gesellschaftlich beeinflusst werden kann." (Brecht zit. n. Brauneck, 1982: 275)

Brecht denkt bei seiner Lehrstückarbeit „[...] an eine unmittelbar gesellschaftliche und politische Erziehung des Menschen, wenn auch mit ästhetischen Mitteln [...]" (Steinweg, 1995: 16). Auf weitere Merkmale und Kennzeichen der Lehrstückarbeit kann im Rahmen dieser Studie nicht eingegangen werden. Sie können aber in den aufgeführten Werken Reiner Steinwegs zum besseren Verständnis nachgelesen werden.[6]

Die Lehrstückarbeit Brechts kommt den Techniken der Theaterarbeit von Boal sehr nahe. Ähnlichkeiten zwischen den Lehrstücken Brechts und dem Forumtheater Boals sind durchaus zu beobachten, obwohl Boal sich in einem Interview mit Jürgen Weintz und Bernd Ruping selbst davon distanziert.

> „Ich glaube, dass Brecht in den Lehrstücken nur Wahlmöglichkeiten vorgibt, aber niemals die Frage stellt: „Was würdest du selbst tun?" Der Zuschauer kann Brechts Vorschläge nur mit „ja" oder „nein" beantworten, nicht aber mit „vielleicht". Das Fo-

[6] Eine gute Übersicht bietet auch die Zusammenfassung von Hans Martin Ritter, die auf Seite 27 in dem Buch 'Theaterpädagogik – Lese- und Arbeitsbuch für Spielleiter und Laienspielgruppen' von Dietmar Ehlert zu finden ist (vgl. Ehlert, 1986).

rumtheater hingegen fragt nicht: „Solltest du dies oder das tun?", sondern fragt: „Was wollen wir tun?" Es wird ein offener Prozess ermöglicht, der den Einzelnen kreativ werden lässt." (Boal, 1999: 160)

Der Einfluss von Bertolt Brecht, nach Simone Neuroths Auffassung der geistige Vater Augusto Boals (vgl. Neuroth, 1994: 43), kann vornehmlich in der Absicht, die Welt als veränderbar zu (re-)präsentieren sowie die Passivität der Zuschauer aufzuheben, zusammengefasst werden. Boal vertritt in seinen Forderungen eine radikalere Ansicht als Brecht. Brechts „[...] Poetik der Bewusstmachung [...]" (Boal, 1989: 66), wie Boal sie bezeichnet, kann nur als Vorlage für die Ausrichtung des Theater der Unterdrückten dienen. Diese gilt es auszuweiten und zu verschärfen, um am Ende eine „[...] Poetik der Befreiung [...]" (ebd.), wie sie die „[...] Poetik der Unterdrückten [...]" (ebd.) ist, zu erreichen. Im Unterschied zu Brecht fordert Boal nicht nur Erkenntnisgewinnung und Bewusstmachung durch das Theater sondern darüber hinaus konkrete Handlungsaktionen.
Die Inspiration und Übernahme vom brechtschen Gedankengut sowie deren Zuspitzung ist klar im Zeichen des lateinamerikanischen Befreiungskampfes zu sehen, wo sich auch die Anfänge des Theaters der Unterdrückten abzeichnen. Für Boal ist Theater Aktion, welches für die Revolution probt (vgl. Boal, 1989: 66) und für die Befreiung kämpft.

„Anders als Brecht will Boal das Theater aber nicht in den Dienst der Revolution stellen, sondern es als Generalprobe zum Bestandteil der Revolution selbst machen." (Franzbach/Beck, 1986: 1059)

Im weiteren Verlauf der Studie werden dem Leser die Einflüsse Bertolt Brechts auf die Theaterarbeit Augusto Boals durch die ausführliche Darstellung einzelner Methoden des Theaters der Unterdrückten ersichtlicher. Dazu soll der Leser der Anregung folgen, eigenständig Rückschlüsse aus beiden Arbeitsweisen und -auffassungen zu ziehen.[7]
Nachfolgend nimmt die Studie Bezug auf den zweiten wichtigen Lehrmeister von Augusto Boal – seinen Landsmann Paulo Freire.

[7] Eine ausführliche Betrachtung der Gemeinsamkeiten und Unterschiede zwischen Boal und Brecht, welche hinsichtlich des Umfangs dieser Studie nur angerissen werden können, lässt sich für ein tiefergehendes Verständnis in der Dissertation Henry Thorau über 'Augusto Boals Theater der Unterdrückten' nachlesen (vgl. Thorau, 1982).

2.3.2 Die Pädagogik der Unterdrückten von Paulo Freire

Die enge Verbindung zwischen Freires Pädagogik und Boals Theater ist schon durch die Namensgebung, bei der Boal sich auf Freire beruft, nicht zu übersehen. Immer wieder kommt es im Leben von Freire und Boal zu Überschneidungen und Zusammenarbeiten. So etwa zur Zeit des *Teatro de Arena*, „[...] als beide in der Politisierungsarbeit der Volkskulturbewegung engagiert [...]“ (Neuroth, 1994: 48) sind. Ebenso in Peru bei der Mitarbeit Boals an der auf Freire basierenden Alphabetisierungskampagne oder aber viele Jahre später in der Mandatszeit Boals für die Arbeiterpartei, die unter anderem von Freire mitgegründet wurde. Durch ihre verwandten und sich gegenseitig beeinflussenden Einstellungen gehen Freire und Boal einen ähnlichen Lebensweg: beide werden von der brasilianischen Geheimpolizei verhaftet, beide müssen aufgrund der politischen Verhältnisse ihre Heimat Brasilien verlassen, beide entwickeln politisches und pädagogisches Engagement.

Wesentlich für die Thematik dieser Studie sind die Prinzipien in Boals Theaterarbeit, die auf der Pädagogik von Paulo Freire fußen. Diese wird im Folgenden kurz dargestellt, um dem Leser die Verbindung zwischen dem Theater der Unterdrückten und der Pädagogik der Unterdrückten zu verdeutlichen.

Freires Pädagogik basiert in erster Linie auf der Bewusstmachung der Wirklichkeit, mit der er zugleich ihre Veränderung einbezieht. Sie richtet sich, wie der Name bereits vermuten lässt, an die Unterdrückten. Bereits mit „[...] elf Jahren legte er ein Gelübde ab: er wollte sein Leben dem Kampf gegen den Hunger widmen, dem Kampf für die Hungernden.“ (Lange in: Freire, 1973: 10) In seinem Vorhaben, ein kritisches Bewusstsein zu entwickeln, aus welchem sich eine Handlung und somit eine Veränderung der gegebenen Umstände wie beispielsweise der Hungersnot ergeben kann, stößt Freire auf eine „[...] Kultur des Schweigens [...]“ bei der Mehrheit der lateinamerikanischen Bevölkerung. Freire erfährt, wie die ärmere Bevölkerung sich ihrem Schicksal ergibt und sich von aufoktroyierten Mythen wie ‘Armut ist jedem selbst zuzuschreiben’ in ihrem Bewusstsein blenden lässt (vgl. Haug, 2005: 40). In der Folge führt diese innere Unterwerfung dazu,

> „dass die Unterdrückten sich selbst so sehen, wie die Unterdrückter sie sehen, nämlich als „nichtig“; dass alles, was sie erfahren, eine immer neue Bestätigung dieser ih-

rer Nichtigkeit wird: Armut, Unwissenheit, Fremdbestimmung, Not." (Lange in: Freire, 1973: 10f.)

Die Unterdrückten fühlen sich der Übermacht der Herrschenden gegenüber ohnmächtig und verfallen, wie der 'Zuschauer' in der Theatertheorie Augusto Boals, in eine Lethargie. Diesem Zustand möchte Freire in seiner Pädagogik, ebenso wie Boal in seiner Theaterarbeit, ein Ende setzen und betont dabei ausdrücklich einen Grundsatz seiner Pädagogik.

> „Erziehung kann niemals neutral sein. Entweder ist sie ein Instrument zur Befreiung des Menschen, oder sie ist ein Instrument seiner Domestizierung, seiner Abrichtung für die Unterdrückung." (Freire, 1973: 13)

Dessen müsste sich, in der Forderung Freires, jeder Pädagoge bewusst sein und seine Handlungen dementsprechend reflektieren. Als Lösungsvorgabe bietet Freire ein dialogisches Bildungskonzept an, das die Veränderung des Schüler-Lehrer-Verhältnisses voraussetzt (vgl. Neuroth, 1994: 50). Die gleiche Umstellung bezüglich der Machtverhältnisse greift Boal in der besonderen Stellung seiner 'Zuschauer' auf – siehe Punkt 2.4.2 dieser Studie – sowie im dialogischen Prinzip seiner Theaterform.

> „Kursleiter und Teilnehmer führen gemeinsam die thematische Untersuchung der objektiven Lebenssituation der Betroffenen durch, um daraus die sogenannten „generativen Themen", die Schlüsselthemen, abzuleiten." (ebd.: 51)

Die Problemstellungen werden in der Pädagogik der Unterdrückten und in ihrer Übertragung im Theater der Unterdrückten gemeinsam erarbeitet. Themen werden zur Diskussion gestellt, anstatt vorgefertigte Meinungen und Positionen unreflektiert weiterzugeben. Dadurch wahrt Boal eine weitere Grundlage der Pädagogik der Unterdrückten, die Aktion und Reflexion miteinander verbindet. Im Dialog und im Miteinander soll nach Freire der Lernprozess gestaltet sein.

> „Da nun der Dialog jene Begegnung ist, in der die im Dialog Stehenden ihre gemeinsame Aktion und Reflexion auf die Welt richten, die es zu verwandeln und zu vermenschlichen gilt, kann dieser Dialog nicht auf den Akt reduziert werden, dass eine Person Ideen in andere Personen einlagert." (Freire, 1973: 72)

Freire kritisiert die vorherrschende Erziehungspraxis in Lateinamerika, die er mit dem Bankierskonzept umschreibt.

> „Im Bankiers-Konzept der Erziehung ist Erkenntnis eine Gabe, die von denen, die sich selbst als Wissende betrachten, an die ausgeteilt wird, die sie als solche betrachten, die nichts wissen. Wo man anderen aber absolute Unwissenheit anlastet – charakteristisch für die Ideologie der Unterdrückung – , leugnet man, dass Erziehung und Erkenntnis Forschungsprozesse sind." (ebd.: 58)

Genauso wie sich Freires Pädagogik als Prozess versteht „[...], der gestaltbar ist und sich weiter entwickeln muss [...]" (Haug, 2005: 39), betont auch Boal für seine Spielempfehlungen, diese nicht als dogmatisches, sondern offenes System zu betrachten, das im Rahmen eigener Theaterpraxis flexibel eingesetzt und modifiziert werden kann (vgl. Weintz in: Boal, 1999: 14).
Zusammenfassend lässt sich bemerken, dass Paulo Freire die theoretischen und methodischen Grundlagen für eine Pädagogik der Unterdrückten liefert[8] und Boal diese in seinem Theaterkonzept umsetzt.

> „Anlässlich des Todes von Paulo Freire im Mai 1997 meinte Boal: „Ich bin sehr traurig. Ich habe meinen letzten Vater verloren. Nun sind alles, was ich habe, Brüder und Schwestern."" (Lumplecker http://www.paulofreirezentrum.at/index.php?Art_ ID=174)

Nachdem der Lebensweg Boals, die Entstehungs- und Entwicklungsgeschichte des Theaters der Unterdrückten sowie deren Einflussquellen beschrieben wurden und rebellische Züge zum Vorschein brachte, folgt nun eine theatertheoretische Abhandlung zu Boals Arbeit.

---

[8] Um ein tiefergehendes Verständnis von Freires Ansichten und seiner Arbeit zu bekommen, empfiehlt sich zusätzlich die Lektüre von Paulo Freires 'Pädagogik der Unterdrückten. Bildung als Praxis der Freiheit' (vgl. Freire, 1973).

2.4 Prinzipien und Methoden des Theaters der Unterdrückten

Augusto Boal setzt in seiner Theaterkonzeption den Menschen an erster Stelle. Er betont die Fähigkeit des Menschen – im Unterschied zum Tier – sich selbst beobachten zu können und im Handeln zu betrachten und legt deshalb die Essenz des Theaters im Menschen fest (vgl. Boal, 1999: 24). Damit meint Boal aber nicht nur, dass der Mensch Theater macht, sondern nach seiner Auffassung wird er auch gleichzeitig zu diesem (ebd.). In Boals Plädoyer für die Vereinigung von Mensch und Theater erklärt er das Theater für die Berufung aller Menschen. Er bezeichnet diese Verbindung als die wahre Natur der Menschheit (ebd.: 25). In seiner Theaterpraxis fordert Boal folglich die Menschen dazu auf, ihren menschlichen Zügen nachzukommen und ihre Fähigkeiten auszuleben. Seine Ideologie des Theaters der Unterdrückten folgt dem Leitmotiv:

> „Jeder kann Theater spielen – sogar die Schauspieler. Überall kann Theater stattfinden – sogar im Theater." (Boal, 1989: 69)

Augusto Boal bei der Erläuterung seiner Theateridee

2.4.1 Augusto Boals Definition von Theater

In seinen Erläuterungen und Vorträgen bezieht sich Boal auf die Theaterdefinition von Lope de Vega und erörtert darauf aufbauend die Besonderheiten seines Theaterverständnisses. Nach Lope de Vega zeichnet sich das Theater durch das Gegenüber von zwei Menschen, einer Leidenschaft und einer Bühne aus (vgl. Boal, 1999: 27), was einer sehr traditionellen Idee von Theater entspricht. Aus der Analyse und Interpretation dieses Theatermodells, die in 'Der Regenbogen der Wünsche' (vgl. Boal, 1999) detailliert aufgeführt sind, ergeben sich für Boal drei Grundsätze des Theaters.

Zum einen verfügt das Theater über die Eigenschaft der Plastizität. Diese Formbarkeit fördert und fordert ein enormes Maß an Kreativität und setzt damit Erinnerung und Vorstellungskraft frei (ebd.: 31). Dem Theater bzw. dem ästhetischen Raum – in seiner Erläuterungen verwendet Boal die Begriffe synonym – obliegen die gleiche Gestaltungskraft wie dem Traum sowie eine affektive und oneirische Dimension (ebd.).

Die zweite Eigenschaft des Theaters besteht für Boal in der zweifachen Dichotomie des ästhetischen Raumes. „Der ästhetische Raum ist dichotomisch und schafft Dichotomie" (Boal, 1999: 33). Der Schauspieler bei einer Theatervorstellung ist also zugleich immer er selbst und der, der er zu sein scheint, sowie die Bühne eine Bretterkonstruktion ist und zur gleichen Zeit die Verwandlung in einen beliebigen Ort erfährt.

Die dritte und letzte Eigenschaft des Theaters kommt ihrer telemikroskopischen Fähigkeit zu, „[...] die alles in vergrößerter Form präsent macht und uns in die Lage versetzt, Dinge zu sehen, die sich in einem kleineren, entfernteren Format unseres Blickes entziehen würden [...]" (ebd.: 38). Unscheinbares und Verborgenes kann dadurch zum Vorschein gebracht werden.

Diese Eigenschaften bilden eine ästhetische Grundlage und begründen „[...] die außergewöhnliche, gnoseologische (wissenssteigernde) Bedeutung des Theaters [...]" (ebd.). Diese Bedeutung von Theater möchte Boal in seiner Theaterkonzeption allen Menschen zugänglich machen, was nach seinem Theaterverständnis nur die logische Schlussfolgerung sein kann, denn nach Boal „[...] sind wir alle Theater [...]" (ebd.: 29) und die Berufung zum Theater ist uns allen eigen. Die Konzeption seines Theaters der Unterdrückten beschreibt er als

> „ein System von Körperübungen, speziellen Improvisationen, ästhetischen Spielen und Bildertechniken, die zum Ziel haben, diese Berufung des Menschen zu erhalten, zu entwickeln und ihr Formen zu verleihen. Mit Hilfe des Theaters soll dem Menschen ein Werkzeug an die Hand gegeben werden, Verständnis und Lösungen für soziale und persönliche Probleme zu entwickeln." (Boal, 1999: 25)

Boals Theater der Unterdrückten richtet sich demnach in erster Linie an das Volk mit der Aufgabe, die sozialen und politischen Ungleichheiten aufzuzeigen und nach Lösungsstrategien und Alternativen zu suchen.

> „Theater ist für das Volk, wenn es die Welt aus der Perspektive des Volkes sieht, das heißt, in unaufhörlichem Wandel begriffen, mit allen Widersprüchen und der Bewegung dieser Widersprüche, wenn es die Wege zur Befreiung der Menschen zeigt. Diese Perspektive macht deutlich, dass Menschen, die durch Arbeit, Gewohnheiten, Traditionen versklavt wurden, ihre Situation ändern können. Alles befindet sich in Veränderung." (Boal, 1989: 17)

Diese Veränderung voranzutreiben macht sich das Volkstheaterkonzept von Boal zur Aufgabe. Dazu setzt Boal den traditionellen Theatertheorien seine „[...] Poetik der Befreiung [...]" entgegen (vgl. Axter, 2001: 50). Sein Theater der Unterdrückten versteht sich als ein Theater der Befreiung, in dem die Unterdrückten die Handlungen selbst proben, die sie zur Freiheit führen (vgl. Boal 1989: 68). Mithilfe des Theaters sollen sich die Zuschauer der herrschenden Unterdrückungsverhältnisse bewusst werden und sich aktiv an einer Problemlösung und Handlungsstrategie beteiligen.
Wie sich diese Entwicklung praktisch gestaltet und welche besondere Rolle der Zuschauer dabei erfährt, wird im nachfolgenden Punkt näher erläutert.

2.4.2 Die besondere Rolle des Zuschauers bei Boal

Grundsätzlich verbindet das Theater der Unterdrückten zwei Schwerpunkte. Zum einen soll „[...] der Zuschauer, passives Wesen, Objekt [...] zum Protagonisten der Handlung, zum Subjekt werden [...]" (Boal, 1989: 68) und zum anderen soll sich das Theater „[...] nicht nur mit der Vergangenheit beschäftigen, sondern ebenso mit der Zukunft" (ebd.). Mit der Forderung, den Zuschauer aus seiner Passivität und Lethargie zu befreien, entfernt sich Boal drastisch von den konventionellen Theaterformen.

> „Im konventionellen Theater gibt es den Code des Nichteingreifens der Zuschauer; dagegen fordert das Theater der Unterdrückten das Publikum zur Intervention auf." (Boal, 1999: 72)

Boal sieht im Zuschauer ein „[...] passives Wesen par excellence [...]" (Boal, 1989: 66), welches für ihn weniger ist als ein Mensch (vgl. ebd.). Folglich ist das Ziel seines Volkstheaterkonzeptes, den Zuschauer „[...] wieder zum Menschen zu machen, ihm seine Handlungsfähigkeit zurückzugeben [...]" (ebd.). Boal möchte mit seiner Theaterarbeit den Zuschauer wieder dazu befähigen, selber zu handeln und selber zu denken.

> „Die *Poetik der Unterdrückten* will die Handlung selbst. Der Zuschauer ermächtigt keine Figur, stellvertretend für ihn zu denken noch für ihn zu handeln, im Gegenteil, er selbst übernimmt eine Hauptrolle, verwandelt die anfänglich vorgegebene dramatische Handlung, probiert mögliche Lösungen, diskutiert Veränderungsmöglichkeiten. Kurz, der Zuschauer probt die wirkliche Handlung." (Boal, 1989: 43)

Die Zuschauer, denen Boal die Stellung von Unterdrückten beimisst, müssen sich ihrer misslichen Lage bewusst werden und analog zu den Unterdrückten ihre eigenen Strategien und Lösungswege, „[...] die sie zur Freiheit führen [...]" (Boal, 1989: 68), entwickeln und finden lernen. Denn solange

> „[...] der Zuschauer nicht selbst die Handlung bestimmen kann, solange er nicht selbst handelt, ist jedes „Schauspiel" eine Zwangsjacke, eine Vorschrift wie die Praxis autoritärer Erziehung, und der Zuschauer ein Wesen, dem eine Kulturpille nach der anderen eingefüttert wird." (Boal, 1989: 161)

Diese alte didaktische Theaterform ersetzt Boal durch ein pädagogisches Theater (ebd.: 8) und schafft die Rolle des herkömmlichen Theaterproduzenten und Theaterzuschauers ab (vgl. ebd.: 28). In seinem Bemühen den Zuschauer zu aktivieren, entwickelt Boal ein Phasenmodell, das die Entwicklung aus der passiven Objektrolle zum aktiven Individuum anregen und begünstigen soll. Diese Wandlung vom Zuschauenden zum Agierenden vollzieht sich für Boal in vier Phasen.

- 1. Phase: Seinen Körper kennen lernen
  Der Fokus liegt in dieser ersten Phase auf dem Kennen lernen des eigenen Körpers mit seinen Fähigkeiten und Grenzen. Anhand verschie-

dener Übungen und Bewegungsabfolgen soll der eigene Körper bewusst erfahren und eingesetzt werden.

- 2. Phase: Seinen Körper ausdrucksfähig machen
  Nach der vorangegangen Sensibilisierung und Schärfung der Wahrnehmung bezüglich des eigenen Körpers folgt das Erlernen von neuen Ausdrucksmöglichkeiten „[...] ohne die Zuhilfenahme verbalalltäglicher Kommunikation [...]“ (Bidlo, 2006: 77).

> „Wir sind durch unsere ganze Erziehung fast ausschließlich auf verbale Kommunikation beschränkt, was zur Folge hat, dass unser körperliches Ausdrucksvermögen verkümmert. Gezielte Spiele und Übungen können helfen, den Körper als Ausdrucksmittel gebrauchen zu lernen. Es handelt sich nicht um Studioübungen und nicht um das Interpretieren bestimmter Rollen; im Vordergrund steht das Spielerische.“ (Boal, 1989: 49 f.)

- 3. Phase: Theater als Sprache
  Die dritte Phase in Boals Modell geht über die Körperarbeit hinaus und legt ihren Schwerpunkt auf Themen, die zur Diskussion anregen. Über die thematische Auseinandersetzung soll der Zuschauer über drei Stufen zum Agieren gelangen.

> „Jede [Stufe] unterscheidet sich von der anderen und bedeutet einen weiteren Schritt in der direkten Mitwirkung des Zuschauers am Schau-Spiel, in seiner Entwicklung von der Objekt-Rolle zu der des Subjekts.“ (ebd.: 50)

Aufeinander aufbauend und in der Aktivierung des Zuschauers intensiver werdend finden dabei die Methoden – Simultane Dramaturgie, das Statuentheater und das Forumtheater – ihren Einsatz.

- 4. Phase: Theater als Diskurs
  Die vierte und letzte Phase in Boals Modell kommt durch seine Techniken wie dem Unsichtbaren Theater, Fotoroman-Theater, Mythostheater und Masken und Rituale zum Ausdruck. Dabei handelt es sich „[...] um einfache Formen, mit deren Hilfe man sein Bedürfnis, sich mit bestimmten Themen auseinanderzusetzen oder bestimmte Aktionen zu proben, in Theaterhandlungen umsetzt“ (Boal, 1989: 47).

Augusto Boals Sohn Julián in der Anleitung von Aufwärmspielen in Berlin 2008

Diese Entwicklung zum Zu-Schauspieler, wie Boal seine aktivierten Zuschauer bezeichnet, wird durch die zugrunde liegende Themenwahl entscheidend mit beeinflusst. Unterstützend und motivierend für die Beteiligung des Publikums sind Themen, die aus dem konkreten Lebensalltag der Personen stammen. Sie besitzen eine Relevanz für die Zuschauer und können von ihnen nachvollzogen werden. Je konkreter und anschaulicher sich das Thema gestaltet, umso besser lassen sich daraus „[...] Handlungsmodelle für die Zukunft [...]" (Boal, 1989: 69) entwickeln.

> „Das Theater der Unterdrückten präsentiert keine Bilder aus der Vergangenheit, sondern erstellt Handlungsmodelle für die Zukunft. Jeder Zuschauer muß sich bewusst sein, dass das Thema sich auf ein konkretes Ereignis bezieht, das auch tatsächlich stattfinden wird. Darauf muß er sich vorbereiten. Es genügt nicht zu wissen, dass die Welt verändert werden soll; wichtig ist, sie tatsächlich zu verändern. Dazu können auch die Techniken des Theaters der Unterdrückten beitragen." (ebd.)

Boal liegen in seiner Theatervision die aufgeführten Kerngedanken – die Aktivierung der Zuschauer und die Wahrung der Aktualität und Brisanz der dargestellten Szenen – zugrunde. Von der Überzeugung ausgehend, dass jeder Mensch über künstlerische Fähigkeiten verfügt, die allerdings im Laufe der Erziehung Einschränkungen und Unterdrückung erfahren, arbeitet Boal an der Zurückbesinnung auf diese Eignungen und deren Auslebung.

> „Es geht ihm [...] darum, die Menschen, die zum Zuschauen verurteilt sind – »Ser espectador é ser opresso« (»Zuschauen ist eine Form von Unterdrückung«) –, aus ihrer Passivität zu locken und zum Spielen, zum Agieren, zum Handeln zu bewegen: »Bei mir gibt es keine Zuschauer. Jeder ist beteiligt, ob er objektiv eingreift oder nicht. Niemand wird zum Handeln gezwungen. Hat er Angst, so machen wir ihm Mut und helfen ihm auf dem Weg zu seiner Befreiung.«" (Boal, 1989: 119)

Teilnehmer der Abendveranstaltung *Theater and sensitive thinking* im Juni 2008 in Berlin

Alle Methoden, die dem Theater der Unterdrückten zuzuordnen und auf Boal zurückzuführen sind, schließen diese Kerngedanken mit ein. Um dem Leser dies zu verdeutlichen, wird im Folgenden exemplarisch auf zwei Methoden Boals näher eingegangen. Die Auswahl der Techniken, die sich im Besonderen für die Darstellung sozialer und politischer Missstände eignen, stützen die These, Boal als Rebell in der Theaterlandschaft zu bezeichnen. Zunächst folgt die Beschreibung des Forumtheaters, die die besondere Rolle des Zuschauers deutlich zum Ausdruck bringt; anschließend wird das Unsichtbare Theater vorgestellt.

> „Nur in einer „Forumtheater"-Aufführung können sich die Zuschauer mit Stimme, Bewegung, Klang und Farbe aktiv beteiligen und so ihre Ideen und Wünsche demonstrieren. Um dies dem Zuschauer zu ermöglichen, wurde das „Theater der Unterdrückten" erfunden." (Boal, 1999: 33)

2.4.3 Forumtheater

Die am weitesten ausgebildete Form des Theaters der Unterdrückten ist das Forumtheater (vgl. Koudela, 1993: 252), welches sich als Mischform zwischen Vorführ- und Mitspieltheater präsentiert (Neuroth, 1994: 40). Es eignet sich zur Herstellung kollektiver Handlungsmodelle für die Zukunft und „[...] ist eine Methode, bei der die Spielregeln der Macht und Unterdrückung sehr explizit [...]" (Hüttler, 2005: 123) ihren Ausdruck finden.
Diese weltweit verbreitete Technik eines politisch-pädagogischen Mitspiel- und Improvisationstheaters (vgl. Wrentschur, 2003: 108) basiert auf einem Konflikt, der eine alltägliche Unterdrückungssituation präsentiert. Mögliche Themen, die im Forumtheater zur Debatte gestellt werden, sind Unterdrückungsmechanismen bei der Arbeit, in der Familie, in der Gesellschaft oder im Staat. In einer 10-15minütigen Ausgangsszene wird dem Publikum ein politisches oder soziales Problem vorgestellt, das im Verlauf der Szene nicht oder auf unbefriedigende Weise gelöst wird.

> „Eine F-Szene entwickelt sich aus einem Konflikt zwischen ‚Protagonist' (Unterdrücktem) und ‚Antagonist' (Unterdrücker), deren Haltungen und Ansichten im Szenenverlauf sichtbar werden. Am dramatischen Höhepunkt der Szene scheitert der ‚Protagonist' mit seinem Anliegen, der ‚Antagonist' behält die Macht." (ebd.)

Nach der ersten Darstellung wiederholt sich die Szene in mehreren Durchläufen mit der Aufforderung an die Zuschauer ins Spielgeschehen einzugreifen und andere Ausgangsmöglichkeiten und Lösungsstrategien auszuprobieren. Durch den Stopp-Ruf eines Zuschauers wird die Szene angehalten. Der Zuschauer nimmt die Rolle eines Schauspielers – meistens zunächst die des unterdrückten Protagonisten – ein, wobei grundsätzlich jeder Schauspieler ersetzt werden darf (vgl. Boal, 1989: 84). An seiner Stelle versucht der Zuschauspieler – die Bezeichnung Boals für einen aktivierten Zuschauer (vgl. Kap 2.4.2) – die Handlung nach seinem Empfinden zu verändern und seine Lösungsansätze zu präsentieren.

> „Wichtig ist, dass der Zuschauer nicht nur redet, sondern er muss versuchen seinen theoretischen Vorschlag durch praktisches Agieren durchzusetzen. Dabei können neue Verhaltensweisen ausprobiert und mit verschiedenen Reaktionen auf Unterdrückung experimentiert werden." (Hüttler, 2005: 122)

Von Seiten der Schauspieler wird der 'neue' Protagonist auf Widerstand und Konfrontation stoßen, denn diese „[...] präsentieren die »Welt, so wie sie ist« und tun alles, damit sie so bleibt [...]" (Boal, 1989: 83). Die Schwierigkeiten einer Umwandlung in eine „[...] Welt, wie sie sein könnte [...]" (ebd.) sollen realitätsgetreu auf der Bühne erlebt werden und die Veränderung der Situation nicht als eine einfache Handlung sondern als komplexer Prozess erfahren werden. Allerdings darf es sich in der Ausgangsszene um keine ausweglose Situation handeln, in der nur noch Eskalation und Aggression möglich wären. Die Möglichkeit zur Veränderung muss gegeben sein.

> „Im Forumtheater kapituliert die Bühnenfigur, und der Zuschauer ist aufgefordert, ihr Verhalten und Handeln zu korrigieren. Indem ich in die Fiktion handelnd eingreife, probe ich Handeln und Verhalten unter den Bedingungen der Wirklichkeit. Ich lerne die Schwierigkeiten kennen, auf die ich im Angesicht von Tatsachen stoßen werde. Wenn es mir gelingt, mich im Forumtheater zu behaupten, werde ich auch eher in der Lage sein, mich zu behaupten, wenn ich in der Realität eine Entscheidung treffen muß." (ebd.: 90)

Boal betont zusätzlich, dass im Forumtheater keine Ideen suggeriert werden sollen. Der Zuschauer selbst erhält bei dieser Theatermethode die Gelegenheit, seine eigenen Ideen kritisch zu überprüfen und sie versuchsweise in die Theaterpraxis umzusetzen (vgl. ebd.: 58). Damit diese Gelegenheit von Seiten der Zuschauer auch genutzt wird, muss eine Grundvoraussetzung des Forumtheaters erfüllt sein. Die Ausgangszene muss „[...] für das Publikum nachvollziehbar sein, (solidarische) Betroffenheit auslösen und zum Eingreifen provozieren [...]" (Haug, 2005: 60).

> „Wenn ich die gegebene Situation auch nicht am eigenen Leib erfahren habe, so kann ich für mich doch eine Parallele herstellen, sie also im übertragenen Sinn auf meine Lebenssituation beziehen.“ (Piepel, 1993: 126)

Die vorgestellten Lösungsversuche der einzelnen Protagonisten mit ihrem jeweiligen Vorgehen und Verhalten werden im Anschluss an die Darbietung im Forum thematisiert (vgl. ebd.: 83) und mit einer antiautoritären Haltung verhandelt (vgl. ebd.: 58).

> „[Das Forumtheater] beansprucht nicht, den richtigen Weg zu zeigen – »richtig« in welcher Hinsicht? –, es bietet eine Chance, Mittel und Wege zu studieren.“ (ebd.)

Durch diese Grundeinstellung ist beim Forumtheater auch eine intensive Debatte zwischen den Beteiligten als Erfolg zu verbuchen, selbst wenn sich daraus keine zufriedenstellende Lösung für den Ausgang der Szene ergeben hat. Denn neben dem Ziel der Veränderung der szenisch dargestellten, unterdrückerischen Realitäten (vgl. Haug, 2005: 60) misst Boal im Forumtheater – im Gegensatz zum Legislativen Theater[9] – dem Austausch und der Auseinandersetzung der Spieler einen ebenso hohen Stellenwert zu (vgl. Axter, 2001: 66).
Die Vermittlung zwischen Publikum und Bühne erfolgt über die Figur des Jokers. Dieser fordert die Zuschauer dazu auf, sich in die Rolle des Protagonisten hineinzuversetzen und über ihr eigenes Verhalten an seiner Stelle nachzudenken und zu reflektieren. Die Möglichkeiten und Handlungsweisen, die die dargebotene Situation zulassen, sollen im Spiel und in der Intervention erkannt und erforscht werden.

> „Forumtheater ist eine kreative Spielform, die Schauspieler und Zuschauer gleichermaßen einbezieht.“ (Boal, 1989: 83)

Die Schranken zwischen Zuschauer und Schauspieler werden damit aufgehoben, was kennzeichnend für die Methoden des Theaters der Unterdrückten ist. Die Methode des Forumtheaters versteht sich dabei „[...] als *Werkzeug* von Empowerment und richtet sich besonders an Gruppen und Communities, die mit

---

[9] „In dieser Gewichtung der Lösung im Forumtheater ist Boal widersprüchlich, denn im Legislativen Theater sind ja gerade die Lösungsvorschläge, die aus den Forumtheaterszenen gesammelt und ausgewertet werden, Grundlage für die Formulierung neuer Gesetzesvorlagen.“ (Axter, 2001: 67)

Krisen und Konflikten zu kämpfen haben und gesellschaftlich benachteiligt sind“ (Wrentschur, 2003: 109). Nach der Bezeichnung Arnold Piepels ist Forumtheater „[...] eine handlungsorientierte Lernform im Gruppenverband [...]“ (Piepel, 1993: 125) und für Boal eine Probe für die Wirklichkeit (vgl. Boal, 1989: 66).

> „Das Theater ist ein Ort, wo Zukunft, Realität, Befreiung geprobt werden.“ (ebd.: 98)

Grundsätzlich ist der Einsatz des Forumtheaters in zweifacher Weise möglich – „[...] als Arbeitstechnik in kleineren, tendenziell homogenen Gruppen [...] bzw. als Forumtheateraufführung vor einem größeren, heterogenen Publikum [...]“ (Haug, 2005: 61).[10]

Die aufgeführte Methode Boals erfolgte bisher in neutraler Form. Die Kritikpunkte am Forumtheater, die für die behandelnde Thematik dieser Studie nur von geringer Relevanz sind, sollen aber nicht gänzlich unterschlagen werden. Im Folgenden wird daher ein kleiner Einblick in die kritischen Faktoren des Forumtheaters gegeben.

Gerd Koch gibt zu bedenken, dass die Gefahr beim Forumtheater darin besteht, dass es zu statisch/statuarisch ist. Die historischen Abläufe und Veränderungspotentiale, die schon im Leben und Agieren der Menschen miteinander gegeben sind, werden nach der Ansicht Kochs beim Forumtheater zu wenig ernst genommen (vgl. Koch, 1993: 218) und einbezogen.

Florian Vaßen hegt Zweifel, „[...] ob gesellschaftliche Konflikte und Widersprüche, deren Erscheinungsbild nicht eindeutig und offensichtlich ist, die kaum sinnlich wahrnehmbar bzw. spontan zu erkennen sind, mit den Mitteln des Forumtheaters erarbeitet und damit öffentlich und veränderbar gemacht werden können“ (Vaßen, 1993: 277). Auf einen Tenor gebracht, richtet sich die Kritik am Forumtheater an die Gefahr in Klischees verhaftet zu bleiben, einfache Erklärungsmodelle zu entwickeln und gesellschaftliche Wirklichkeit nur zu reproduzieren (vgl. Wrentschur, 2003: 109) statt diese real darzustellen. Diese Gefährdung muss für eine gelungene Forumszene überwunden werden und die Frage, „[...] ob und unter welchen Rahmenbedingungen die Übertragung von im

[10] In seinem Buch ‘‘Das spielt (k)eine Rolle!’ Theater der Befreiung nach Augusto Boal als Empowerment-Werkzeug im Kontext von Selbsthilfe’ skizziert Thomas Haug einen möglichen Ablauf einer Forumtheaterveranstaltung, der ein tieferes Verständnis dieser speziellen Theaterform ermöglicht (vgl. Haug, 2005).

Theaterspiel neu entdeckten und erprobten Handlungsweisen in den Alltag gelingen kann [...]" (ebd.), geklärt sein.
Bei der im Folgenden vorgestellten Methode des Theaters der Unterdrückten kommt die Frage der Übertragung in den Alltag gar nicht erst auf, denn das Unsichtbare Theater findet im alltäglichen Leben unter realen Bedingungen seinen Ausdruck.

eine Einstiegsszene bei der Methode des Forumtheaters

2.4.4 Unsichtbares Theater

Unsichtbares Theater ist Theater, das als solches nicht erkennbar ist. Es simuliert Szenen an Orten, wo sie stattgefunden haben oder wo sie stattfinden könnten (vgl. Boal, 1989: 99).

> „Wenn die Szene in einem Restaurant ablaufen könnte, dann wird sie in einem Restaurant gespielt, wenn in einer U-Bahn, dann in einer U-Bahn, auf der Straße, im Hotelfoyer, auf dem Bahnhof, wo immer." (ebd.)

Die Adressaten der jeweiligen Vorstellung sind über ihre Rolle als Zuschauer nicht aufgeklärt und erleben die dargebotene Fiktion als reale Situation. Der Kern der gespielten Handlung ist eine brisante Unterdrückungssituation, die auf allgemeines Interesse stoßen und den nichts ahnenden Zuschauer zur Intervention anregen soll. Der Szene liegt ein schriftlich fixierter Text, der das aktuelle Thema beinhaltet, zugrunde und „[...] der, je nach den Umständen, für Korrekturen offen ist und sich an den Einwürfen der Zuschauer orientiert" (ebd.: 74). Die Rollen der Szene müssen von den Schauspielern wie im konventionellen Theater einstudiert werden. Bei der Aufführung reagieren diese dann flexibel und improvisatorisch auf die Einwände der Zuschauer und binden diese in den Spielverlauf mit ein. Ein Kriterium des Unsichtbaren Theaters setzt allerdings voraus, dass die Szene so professionell aufgebaut sein muss, dass sie auch ohne das Zutun der Zuschauer eine Entwicklung erfährt (vgl. ebd.: 99). Schließlich liegt es in der Entscheidungsmacht des Zuschauers, ob „[...] er die Szene zur Kenntnis nimmt, ob er weitergeht – stets ist er Herr seiner Entschlüsse, ist er Subjekt" (ebd.). Um dieser Vormachtstellung etwas entgegenzuwirken, sind in einer Szene des Unsichtbaren Theaters immer mehrere Akteure beteiligt. Ihnen kommt im Spielverlauf die Aufgabe zu, „[...] die Zuschauer »aufzuwärmen«, indem sie Gespräche zum Thema der Szene in Gang bringen [...]" (ebd.), „[...] ohne dabei den fiktiven Charakter der Situation aufzudecken" (Axter, 2001: 67). Die Themen beziehen sich immer auf Unterdrückungsmechanismen im eigenen Land[11], denn oberstes Ziel des Unsichtbaren Theaters ist es, die Unterdrückung sichtbar zu machen (vgl. Boal, 1989: 116). Ebenso wie die Themen der Szenen auf das jeweilige Land mit seinen Unterdrückungsmechanismen zugeschnitten sein müssen, müssen sich auch die Initiatoren des Unsichtbaren Theaters mit den landeseigenen Gesetzen auseinandersetzen. Die Gesetzeslage des Landes muss den Beteiligten bekannt sein, um gegebenenfalls entsprechende Sicherheitsvorkehrungen treffen zu können. Boal betont, dass ein Problem des Unsichtbaren Theaters fast immer die Sicherheit der Mitwirkenden, Schauspieler wie Zuschauer, ist (vgl. ebd.: 80).

> „Das Unsichtbare Theater spielt fiktive Szenen. Da sie aber nicht unter den Bedingungen des konventionellen Theaters stattfinden, sind sie auch nicht durch die Kon-

[11] Welche Unterschiede sich zwischen den Unterdrückungsformen in Lateinamerika und Europa abzeichnen, ist im Kapitel 2.2.2 nachzulesen.

> vention geschützt. Die Fiktion wird hier, aus der Perspektive der (ahnungslosen) Zuschauer, zur Realität: *Unsichtbares Theater ist nicht realistisch, es ist real.*" (ebd.)

Trotz der bestehenden Gefahr als Theaterform entlarvt zu werden sowie aufgrund mangelnder Sicherheitsvorkehrungen in prekäre Situationen zu geraten, befürwortet Boal die Methode des Unsichtbaren Theaters. Diese ist als einzige Technik des Theaters der Unterdrückten nicht auf die Erfindung Boals zurückzuführen, sondern findet z.B. schon im Partisanentheater Bela Balacs im Deutschland der 20er Jahre Anwendung (vgl. Wiegand, 1999: 115). Die Unsichtbarkeit des Spiels begrüßt Boal. Sie bietet den Vorteil auch bei politisch schwierigen Verhältnissen agieren zu können (vgl. Kap 2.2.1), sowie „[...] Unterdrückung, Ungerechtigkeit und Gewalt in der Öffentlichkeit konkret [...]" (Haug, 2005: 55) aufzudecken.

> „Es kann auch dazu dienen, theoretische Annahmen, Vermutungen und Hypothesen (wie z.B. fehlende Zivilcourage) in der Praxis des Alltags zu überprüfen." (ebd.)

Boal möchte mit dem Unsichtbaren Theater im Zuge der Aufklärung und Bewusstmachung der unterdrückerischen Gegebenheiten auch die Rechtmäßigkeit der Gesetze testen und diese in Frage stellen.

> „Die Unterdrückung ist eine Tatsache, und sie ist fast immer im Gesetz verankert. In vielen Ländern haben Frauen kein Stimmrecht, erhalten geringere Löhne für gleiche Arbeit, haben keinen Anspruch auf leitende Positionen, sind, fast überall, der offenen oder versteckten Psycho- und Sozialdiktatur der Männer unterworfen. All dies ist völlig legal. Ein Gesetz, das die Hälfte der Menschheit unterdrückt, kann aber kein gerechtes Gesetz sein und darf nicht mit der Zustimmung der Frauen rechnen. [...] Die Techniken des Theaters der Unterdrückten dienen dem Unterdrückten als Waffe bei seiner Befreiung." (Boal,1989: 117)

Dieser Anspruch darf nicht zu missverständlichen Schlussfolgerungen führen. Das Unsichtbare Theater beabsichtigt in seinem Vorgehen nicht Gesetze zu verletzen, sondern lediglich Gesetze auf ihre Rechtmäßigkeit zu befragen. Es agiert also niemals außerhalb der Legalität (vgl. ebd.) und ist in seinem Vorgehen prinzipiell gewaltlos.

> „[D]ie Schauspieler dürfen sich niemals zu Gewalttätigkeiten gegen die Zuschauer hinreißen lassen oder sie bedrohen" (ebd.: 99)

Um bestmöglich gegen Eventualitäten gewappnet zu sein, wird dieser Praktik eine nicht zu unterschätzende und intensive Vorbereitung abverlangt. Dazu werden im Vorfeld Handlungsstrategien entwickelt, „[...] wie z.B. auf Interventionen von Polizei und Selbstverteidigern zu reagieren ist, um die Situation für alle Beteiligten gesichert [...]“ (Letsch, 2003: 340) lösen zu können. Ebenso muss eine sorgfältige Wahl des Aufführungsortes getroffen und die Gegebenheiten vor Ort erkundet werden.
Trotz der angesprochenen auferlegten Regeln und Prinzipien des Unsichtbaren Theaters, die der Methode ein enges Korsett verleihen, wird sie weiterhin sehr kritisch beäugt. Nach Simone Neuroth handelt es sich um die „[...] wohl umstrittenste Methode des Theaters der Unterdrückten [...]“ (Neuroth, 1994: 40).

> „Dieser Technik wird der Vorwurf gemacht, sie sei manipulativ. [...] Konkret richtet sich der Vorwurf der Manipulation auf die Tatsache, dass das Unsichtbare Theater mit der Unwissenheit der zufällig Anwesenden spiele. Das Vortäuschen einer realen Szene gilt als unehrenhaft und moralisch verwerflich.“ (ebd.: 121)

Auch Theologen argumentieren gegen die, ihres Erachtens unzulässige, Methode (vgl. Letsch, 2003: 340). Moralische Bedenken und ethische Fragen nach der Berechtigung von Aktionen, wie die der Vortäuschung einer Vergewaltigungsszene in Rennes (vgl. Boal, 1989: 100), werden aufgeworfen. Eine Schlüsselfunktion bezüglich der Kritikpunkte kommt dem Anlass für den Einsatz der Methode zu. Zu welchem Zweck die Methode ihre Anwendung findet, spielt für die Berechtigung ihres Gebrauchs eine entscheidende Rolle und muss im Vorfeld eindeutig geklärt werden.

> „Soll es nur → Spaß machen, was bei vielen die Nähe oder Assoziation mit ‚Vorsicht Kamera‘ (‚Leute verarschen‘), auslöst, soll anderen damit eine Lehre erteilt werden oder geht es um einen Impuls zur Entwicklung von Eigenkraft/Autonomie? Geht es darum, eigene Grenzen zu erproben, tatsächlich die Tiefe eines Themas, der Tabus und der möglichen Veränderung auszuloten oder soll ein Gegner bloßgestellt werden, statt ihn als Ansprechpartner in den → Dialog zu holen?“ (Letsch, 2003: 340)

Ebenso zentral wie der Anlass zur Durchführung einer ‘unsichtbaren’ Szene, ist das Agieren in eigener Sache. Aus diesen Gründen stellt Simone Neuroth die Forderung auf, „[...] dass das Unsichtbare Theater nicht als solches, also ohne eigene Betroffenheit und weiterreichende politische Absicht, in Kursen [der Erwachsenenbildung] erlernt und praktiziert werden sollte" (Neuroth, 1994: 122). Trotz der bedenklichen Züge dieser Technik des Theaters der Unterdrückten rechtfertigt Boal ihre Existenz und Daseinsberechtigung.

> „Boal argumentiert dagegen, dass wir eine Wirklichkeit, die ja auch wirklich so an anderem Ort existiert, zu Zwecken der Bearbeitung und Erforschung der eigenen Anteile und Reaktionen abbilden, also nicht beliebig erfinden." (Letsch, 2003: 340)

In ähnlicher Weise argumentiert auch die soziologische Aktionsforschung und begründet damit Arbeiten an tabuisierten Themen sowie Untersuchungen zur tatsächlichen Reaktion des Menschen, die nicht seiner geäußerten Meinung entsprechen (vgl. ebd.). Mit diesen Eigenschaften und Funktionen tritt das Unsichtbare Theater als eine übliche „[...] Form für Kommunikationsguerilla [...]" (autonome a.f.r.i.k.a-Gruppe/Blissett/Brünzels, 2001: 137) auf.

> „Beim unsichtbaren Theater der Kommunikationsguerilla müssen sich die Formen nicht (wie etwa beim „Theater der Unterdrückten") an das klassische Theaterspiel anlehnen, sondern verweisen genauso auf das Repertoire von Aktionskunst und Happening. Sie können entlarven, übertreiben, verunsichern, belästigen, Gefühle vermitteln, Irritationen und Störungen auslösen, bestimmte Reaktionen provozieren." (ebd.: 138)

Mit diesem abschließenden Hinweis wird eine Überleitung zu Christoph Schlingensief geschaffen, der sich als Aktionskünstler ebenfalls dieser Methode bedient und sich mit heiklen Themen und provokanten Ausdrucksformen im Bereich des Films, Theaters und der Kunst einen Namen gemacht hat.

Christoph Schlingensief bei der Preisverleihung des Helmut-Käutner-Preises am 02.März 2010 in Düsseldorf

3. Christoph Schlingensief und seine Arbeit

Christoph Schlingensief, in der deutschen Theater- und Filmszene auch „enfant terrible“ genannt, sorgt mit seinen Inszenierungen immer wieder für Aufsehen und Skandale in der Öffentlichkeit. Mit extrem provokanten und schockierenden Inszenierungen stellt Schlingensief als Filmemacher, Theaterregisseur, Aktionskünstler und Maler hohe Anforderungen an sein Publikum. Er bietet für seine eigenwillige Arbeitsweise, die durch Chaos, Lücken, Störfaktoren und Irritationen gekennzeichnet ist, keinerlei Erklärungen oder Deutungsschemata. Schlingensief verwehrt jede Zuordnung und Zuschreibung für sich und seine Kunst. Seine Haltung und Position bleibt bei seinen umstrittenen Werken im Verborgenen und lässt Rätsel aufkommen. „[...] Totalirritation [...]“ (Löhndorf, in: Kunstforum Oktober 1998, Band 142: 94ff.) wird zum Grundprinzip bei Schlingensief. Zweifel und Misstrauen sind häufig auftretende Phänomene bei der Rezeption seiner Werke.

> „Die permanente Verunsicherung betreibt Schlingensief mit einer Verwischung der Grenzen zwischen Wirklichkeit und Fiktion, Kunst und Straftat, Absicht und Handlung. Gerade bei seinen Aktionen außerhalb des Theaters funktioniert das häufig genial: Das Big-Brother-Spiel mit Asylanten im Zentrum von Wien, bei dem der letzte im Container Verbliebene eine Aufenthaltsgenehmigung gewinnen sollte, hielten nahezu alle Passanten für echt.“ (Briegleb, http://www.schlingensief.com/bio_goethe.php)

In den verschiedenen Kunstsparten, derer sich Christoph Schlingensief annimmt, bringt er die bestehende Ordnung durcheinander und stört so die orientierungs- und sicherheitstiftenden Beständigkeiten. Geltende Regeln, Konventionen und Traditionen finden keine Beachtung in der Vorgehensweise Schlingensiefs.

> „Seine Arbeiten sind Frontalattacken gegen konditionierte Produktions- und Rezeptionsweisen der Kunst, aber auch gegen eine Wahrnehmung von Wirklichkeit, die stets durch mediale Instrumentalisierungsstrategien präfiguriert wird.“ (Umathum, in: Theater der Zeit, 2003: 151)

Schlingensief spielt in seinen konfusen Werken auf sämtliche Bereiche der Kultur an (vgl. Maubach, 2005: o.S.). Sein ausgeprägter Spürsinn ermöglicht ihm eine Darstellung von eigenen, allgemein menschlichen, sozialen, gesellschaftlichen und geschichtlichen Randzonen und Abgründen (vgl. Kohse, in: Frankfurter Rundschau 06.10.2001, Nr. 232: o.S.).

> „Gesellschaftliche Themen, die entweder dem allgemeinen Konsens anheim gefallen sind (Hitler ist böse! Mohammed Atta ist böse!) oder mit schweigendem Unbehagen behandelt werden (Behinderte, Obdachlose, Asylanten, Arbeitslose), landen mit hoher Wahrscheinlichkeit irgendwann im Schlingensiefschen Warenkorb." (Briegleb, http://www.schlingensief.com/bio_goethe.php)

Bei der Beschäftigung mit solchen Themen stellt Schlingensief unaufhörlich vermeintliche Wahrheiten und unbequeme Realitäten in Frage. Seine tiefere Auseinandersetzung erscheint den Rezipienten daher oft als unangebracht, verletzend und unverständlich. Mit einer „Ästhetik des Verlustes" (Löhndorf, in: Kunstforum Oktober 1998, Band 142: 94ff.) und der Zerstörung (vgl. Seeßlen, http://www.schlingensief.com/bio_seesslen.php) verweist Christoph Schlingensief in seinen Werken auf die Unmöglichkeiten der Welt und verwirft bestehende Ordnungssysteme.

> „Er produziert serienweise Schocks und Leerlauf. Immer, auch in seinen Provokationen, die er selbst, und zu Recht, als solche nicht gelten lassen will, äußert sich eine als vergeblich erkannte Sehnsucht nach Widerstand, Bewegung, Schmerz: eine Sehnsucht nach authentischem Leben in einer Welt der Rentenversicherungen und Schmerztabletten, eine Künstlerforderung, also, die so alt ist wie dieses Jahrhundert." (Löhndorf, in: Kunstforum Oktober 1998, Band 142: 94ff.)

Mit einer ausgeprägten Beobachtungsgabe und ohne Scheu vor Unannehmlichkeiten reagiert Schlingensief unverzüglich „[...] auf die virulenten Zustände unserer Zeit [...]" (vgl. Umathum, in: Theater der Zeit, 2003: 151). Dieses Vorgehen verschafft seinen Werken eine enorme Brisanz und Aktualität. Ein Grundmotiv kommt in seinen Arbeiten deutlich zum Tragen: „[...] Traue keinen Gewissheiten!" (Briegleb, http://www.schlingensief.com/bio_goethe.php).
Die aufgeführten Besonderheiten und Qualitäten dieses Künstlers erschweren den Zugang zu seiner Person und seiner Arbeit.

> „Kaum ein Filmemacher [...] ist in seiner Arbeit so ausdauernd aus einer magischen Biographie erklärt worden wie Christoph Schlingensief, der, weil er so bemerkenswert querliegt zur Mainstream-Entwicklung des deutschen Films, in den kritischen

Texten immer eher als »Fall« denn als Produzent ästhetischer Ereignisse verhandelt wurde und nach seinen Inszenierungen in neuen medialen und politischen Räumen noch wird.“ (Seeßlen, http://www.schlingensief.com/bio_seesslen.php)

Die Notwendigkeit, kurz auf die Biographie Christoph Schlingensiefs einzugehen, ist somit begründet und für die Darstellung seiner rebellischen Züge, die in dieser Studie zum Ausdruck gebracht werden sollen, unentbehrlich.

3.1 Zur Person Christoph Schlingensief und seinem Werdegang

Christoph Maria Schlingensief ist 1960 in Oberhausen geboren und nach eigenen Aussagen in gutbürgerlichen Verhältnissen aufgewachsen. Durch das Elternhaus genießt Schlingensief eine katholische Erziehung und ist selbst 13 Jahre Messdiener. Sein Interesse für Religion, Mythos und Ritual, das er in seinen späteren Arbeiten zum Ausdruck bringt, ist auf diese Gegebenheit zurückzuführen und begleitet ihn bis heute. So lautet eine Äußerung Schlingensiefs 2005, dass Religion für ihn ein großes Thema sei (vgl. Schlingensief, in: Die Welt 22.12.05: o.S.).
Ebenfalls auf seine Kindesjahre zurückzuführen ist das Interesse Christoph Schlingensiefs am Filmemachen. Seinen ersten Film ‘Der Fahnenschwenkerfilm’ dreht Schlingensief im Alter von 7 Jahren während eines Wochenendurlaubes in einem kleinen Dorf bei Hagen (vgl. Christoph Schlingensief in: ‘Schlingensief und seine Filme’ 2005). Ab diesem Zeitpunkt kommt er stetig seiner bevorzugten Freizeitbeschäftigung nach, bei der weitere Kurzfilme wie ‘Die Schulklasse’ (1969), ‘Mensch, Mami, wir drehn ′nen Film’ (1977) u.a. entstehen (ebd.).
Nach dem Abitur bewirbt sich Schlingensief an der Filmhochschule in München und wird nach den Aussagen von Georg Seeßlen glücklicherweise zweimal abgelehnt (vgl. Seeßlen, http://www.schlingensief.com/bio_ seesslen.php).
Stattdessen nimmt Schlingensief 1981 das Studium der Germanistik, Philosophie und Kunstgeschichte in München auf, das er allerdings nicht zu Ende führt.

Während dieser Zeit arbeitet er als Kameraassistent bei dem Münchner Produzent und Regisseur Franz Seitz.
1982 folgen dann die Rückkehr nach Oberhausen sowie die dortige Zusammenarbeit mit dem Filmemacher und Medienkünstler Werner Nekes. Neben dieser Tätigkeit bleibt Schlingensief seiner Leidenschaft, als eigener Regisseur tätig zu sein, weiter treu und so erscheint 1983 sein „[...] erster abendfüllender Spielfilm *Tunguska – Die Kisten sind da* [...]" (Gefert, 2007: 642), für den er zwei Jahre später mit dem Nordrheinwestfälischen Produzentenpreis ausgezeichnet wird.
In den Jahren 1983 bis 1986 erhält Schlingensief an der Hochschule für Gestaltung in Offenbach sowie an der Kunstakademie Düsseldorf einen Lehrauftrag (vgl. Schlingensief Werkübersicht, http://www.schlingensief.com/arbeiten.php).
Die Beschäftigung als erster Aufnahmeleiter der TV-Serie 'Lindenstraße' ist der nächste wesentliche Punkt in der Biographie Schlingensiefs.
Neben diesen Tätigkeiten dreht er kontinuierlich eigene Filme wie 'Egomania – Insel der Hoffnung' (1986) (vgl. ebd.). Für das kleine Fernsehspiel des ZDF produziert der nunmehr 28jährige Schlingensief 'Schafe in Wales' (1988).
Einen öffentlichen Bekanntheitsgrad erfährt der Filmemacher aber erst „[...] mit der zwischen 1989 und 1992 entstehenden DEUSCHLANDTRILOGIE, die sich aus den Filmen 100 JAHRE ADOLF HITLER – DIE LETZTEN STUNDEN IM FÜHRERBUNKER, DAS DEUTSCHE KETTENSÄGENMASSAKER und TERROR 2000 – INTENSIVSTATION DEUTSCHLAND zusammensetzt" (Horst, http://www.schlingensief.com/schlingensief.php).
Nach mehreren Filmproduktionen gelangt er 1993 ans Theater. Sein Debüt feiert Schlingensief mit '100 Jahre CDU – Spiel ohne Grenzen' an der Berliner Volksbühne. Er verpflichtet sich dort als Hausregisseur und inszeniert z.B. zwei Jahre später 'Hurra, Jesus! Ein Hochkampf!'. Für die Theaterproduktion 'Rocky Dutschke, 68' bringt Schlingensief 1996 „[...] erstmals Behinderte, Schauspieler und Laien auf der Bühne zusammen – ein Konzept, mit dem er fortan öfter [...]" (Gefert, 2007: 642) arbeitet. Auf die Theaterarbeit Schlingensiefs und sein persönliches Verständnis davon wird unter Punkt 3.3.1 dieser Studie näher eingegangen.
In den folgenden Jahren tritt Schlingensief „[...] als Film-, Hörspiel- und Theaterregisseur an die Öffentlichkeit [...]" (ebd.). Mit dem Prix Futura erhält seine Hörspielfassung von 'Rocky Dutschke, 68' (1997) die Auszeichnung als bestes europäisches Hörspiel (vgl. ebd.).

In der Verwischung der Grenzen zwischen den Systemen Kunst, Politik und Soziales glänzt Schlingensiefs Inszenierung 'Passion Impossible – 7 Tage Notruf für Deutschland' (1997). Die am Schauspielhaus in Hamburg im Oktober 1997 dargebotene Aktion pendelt beharrlich zwischen der theatralischen und der realen Sphäre.

> „Im Anschluss an eine Eröffnungsgala im Großen Haus zieht er mit seinem Ensemble in eine am Hauptbahnhof gelegene, geräumte Polizeiwache. Dort lebt, streitet und spielt man eine Woche lang mit Junkies, Obdachlosen und Prostituierten bei freiem Zugang für jedermann." (http://www.schlingensief.com/projekt.php?id=t 012)

Ebenso publikumswirksam gestaltet sich der Auftritt Schlingensiefs auf der documenta X, bei welcher er aufgrund eines umgehängten Schildes mit der Aufschrift 'Tötet Helmut Kohl' festgenommen wird.
Ab 1997 mischt sich Schlingensief aktiv ins Fernseh- sowie ins politische Geschehen ein. Als Talkmaster der 8-teiligen Reihe 'Talk 2000' (1997) sowie als Parteigründer von 'Chance 2000' (1998) tritt Christoph Schlingensief in Erscheinung. Mit verschiedenen Aktionen präsentiert Schlingensief seine Partei, die sich als „[...] Irritationsauslöser [...]" (Umathum, in: Theater der Zeit, 2003: 147) erweist und der kein Parteiprogramm zugrunde liegt.

> „Chance 2000 vermeidet Konsens unter allen Umständen. Das einzige Versprechen lautet: Erwartungen werden grundsätzlich nicht erfüllt. Stattdessen heißt es nur: „Wähle dich selbst!" oder „Beweise, dass es dich gibt!"" (ebd.)

So fordert Schlingensief beispielsweise Arbeitslose zum gemeinsamen Baden im Wolfgangsee am 2. August 1998 auf, um den Urlaubsort St. Gilgen des damaligen Bundeskanzlers Helmut Kohl zu fluten. Der Versuch Schlingensiefs, mit seiner Partei, „[...] Kunst und Leben zusammenzuführen [...]" (http://www.schlingensief.com/projekt.php?id=014), gestaltet sich als äußerst medienwirksam.

> „Chance 2000 ist der perfektionierte Rahmenbruch, der sich selbst und alle anderen entlarvt." (Umathum, in: Theater der Zeit, 2003: 147)

Merchandising-Artikel zu 'Chance 2000'

Einen ebensolchen Rahmenbruch liefert auch Schlingensiefs Containeraktion, die im Juni 2000 in Wien im Rahmen der Wienerfestwochen stattfand. Mit diesem umstrittenen Projekt befasst sich die Studie im Punkt 3.3.3 näher.

Weiterhin auch aktiv im Theater- und Fernsehgeschäft, moderiert Schlingensief im selben Jahr 'U 3000' (2000), „[...] eine Talkshow für MTV in der Berliner U-Bahn [...]" (Schlingensief Werkübersicht, http://www.schlingensief.com/arbeiten.php). Mit der Inszenierung von Shakespeares Hamlet am Schauspielhaus Zürich im darauf folgenden Jahr sorgt Schlingensief erneut für Schlagzeilen, „[...] weil er vermeintlich aussteigewillige jugendliche Neonazis im Rahmen seiner Inszenierung des Klassikers auf die Bühne [...]" (Gefert, 2007: 643) holt.

Weitere Theaterproduktionen, Fernsehformate, Hörspielprojekte und verschiedene Aktionen schließen sich in den folgenden Jahren an. Darunter die „[...] Inszenierung seines eigenen Stücks *Rosebud* an der Berliner Volksbühne [...]"[12] (ebd.), „[...] *Freakstars 3000* (2002), das erste Behindertenmagazin im dt. Fernsehen [...]" (ebd.) oder seine 'Church of Fear' – Aktion von 2003. In seinem

[12] 2003 erhält er den Hörspielpreis der Kriegsblinden für das danach entstandene Hörspiel.

Schaffensdrang unersättlich arbeitet Schlingensief „[...] an den großen Staats- und Stadttheatern in Wien, Berlin, Zürich und Frankfurt [...]“ (Schlingensief Werkübersicht, http://www.schlingensief.com/arbeiten.php).
Ab 2004 vergrößert sich das Spektrum seiner Arbeit um ein neues Genre – die Kunstform Oper. In Bayreuth inszeniert er den ‘Parsifal’ von Richard Wagner, der drei Jahre auf dem Spielplan der Richard-Wagner-Festspiele steht. Katharina Wagner, die Intendantin der Bayreuther Festspiele, huldigt Schlingensiefs Arbeit wie folgt:

> „Das Machen von Kunst ist ihm weit wichtiger als das Resultat, das ‚Werk‘ wird aufgehoben in seinem Herstellungsprozess. Dadurch verweigert er natürlich jeden liebenswürdigen Konsens zwischen Machern und Rezipienten vollständig, dadurch verliert zum Beispiel eine Theaterproduktion, und ich denke dabei durchaus auch an seinen Bayreuther ‚Parsifal‘, die Eigenschaften eines musikalisch-szenischen Aufbaupräparats und wird fragwürdig – im mehrdeutigsten und abgründigsten Sinne des Wortes.“ (Wagner, http://www.schlingensief.com/weblog/?p=316)

Weitere Anerkennung wird ihm 2005 durch die Auszeichnung des Filmpreises der Stadt Hof verliehen sowie 2007 durch den Ruhrpreis für Kunst und Wissenschaft.
Seine zweite Opern- und Wagnerinszenierung ‘Der fliegende Holländer’ feiert im April 2007 im brasilianischen Regenwald in Manaus Premiere. Im darauf folgenden Jahr präsentiert Schlingensief an der Deutschen Oper Berlin seine Fassung der Oper ‘Jeanne D’Arc – Szenen aus dem Leben der Heiligen Johanna’ von Walter Braunfels.

> „Im Januar 2008 wird bei dem bekannten Film-, Theater- und Opernregisseur, Aktions- und Installationskünstler Christoph Schlingensief Lungenkrebs diagnostiziert. Ein Lungenflügel wird entfernt, Chemotherapie und Bestrahlungen folgen, die Prognose ist ungewiss – ein Albtraum der Freiheitsberaubung, aus dem es kein Erwachen zu geben scheint.“ (Schlingensief, 2009: o.S.)

Die Diagnose der Erkrankung lähmt Schlingensief jedoch nicht in seinem Schaffens- und Tatendrang. Sein „ungebrochener Wille zur Kreativität“ (Hoff, http://www.schlingensief.com/) bleibt erhalten und so arbeitet er unermüdlich weiter. Fortan setzt er sich künstlerisch mit den Fragen, die die Krankheit ihm aufzwingen, auseinander und findet in seinen Werken Ausdruck dafür.

> „Nur kurz rekapituliert: Anfang des Jahres bekam er die grausame Diagnose, und im Sommer schon, nach schwerer Operation und Therapie, arbeitete er an Szenen seiner Krankheit und seines Lebens. Das Maxim Gorki Theater Berlin bot ihm Raum und Schutz. Im September dann die große, unvergessliche Aufführung des Oratoriums „Eine Kirche der Angst vor dem Fremden in mir“ bei der Ruhr-Triennale, mit Chören und Prozessionen. Ein Fluxus-Feuerwerk, das die alte Duisburger Stahlfabrik in einen sakralen Ort verwandelte.“ (Schaper, http://www.schlingensief.com/)

Als Folge des künstlerischen Umgangs Christoph Schlingensiefs mit seiner Krebserkrankung entsteht am Maxim Gorki Theater in Berlin im November 2008 unter seiner Regie das Projekt ‘Der Zwischenstand der Dinge’ sowie am Burgtheater in Wien im März 2009 ‘Mea Culpa – Eine ReadyMadeOper’, die „in der Kategorie “Beste Regie“ für den diesjährigen Netstroy Preis nominiert“ (http://www.schlingensief.com/weblog/?p=415) wurde.
Die Auszeichnung des B.Z.-Kulturpreis 2009 sowie die Teilnahme an der Berlinale 2009 als Jurymitglied verleihen Schlingensief weiteren öffentlichen Zuspruch und Anerkennung.
Seiner spezifischen Arbeitsweise bleibt er trotz dem gesteigerten öffentlichen Ansehen treu und verfolgt sein eigenwilliges Prinzip unbehelligt weiter.

> „In einer chaotischen, undurchschaubaren und wohl in vielem unerkennbaren Welt, die stets gefährdet ist und immer ein bisschen am Rande des Abgrunds taumelt, sieht er sich als Künstler in der Verantwortung, nicht irgendeinen banalen Trost zu spenden oder Ordnung vorzutäuschen, dagegen die unverheilten Wunden ohne Beschönigung zu zeigen und den Menschen eben nicht als human-edles Wunderwerk vorzuführen.“ (Wagner, http://www.schlingensief.com/weblog/?p=316)

Im April 2009 erscheint seine Veröffentlichung ‘So schön wie hier kanns im Himmel gar nicht sein! Tagebuch einer Krebserkrankung’, indem er „seine Gedanken über das Leben, das Sterben und seine Kunst“ (Hoff, http://www.schlingensief.com/) mitteilt.
Im selben Monat erhält er „vom Niedersächsischen Minister für Wissenschaft und Kultur Lutz Stratmann den Ruf auf die Universitätsprofessur “Kunst in Aktion“ an der HBK“ (http://www.hbk-bs.de/aktuell/details/04116/), die er für die nächsten 5 Jahre innehat.
Daneben erstrecken sich seine jüngsten Projekte von der Ausstellung ‘100 Years (Version #1, Düsseldorf) 17. Okt. 2009 – 31. Juli 2010, Julia Stoschek Collection, Düsseldorf’ (http://www.schlingensief.com/) über die Inszenierungen ‘Sterben lernen! Herr Andersen stirbt in 60 Minuten. Eine Koproduktion mit dem

Schauspielhaus Zürich. Theater Neumarkt, Zürich. 4./6./8.12.2009' (ebd.) bis hin zu 'Via Intolleranza II' (ebd.), welches in Brüssel, Hamburg, Wien und München im Mai und Juni 2010 präsentiert wurde.
Derzeit im Aufbau befindet sich die von Schlingensief gegründete Plattform www.krank-und-autonom.de, deren Ziel die Formation eines Netzwerkes für „Menschen, die plötzlich Krebs bekommen" (http://www.krank-undautonom.de/weblog/?page_id=292) ist.

> „Sollte das Projekt auf genügend Interesse stoßen, werden wir mit Ihnen zusammen, den geschockten Patienten, einen Verein gründen, um die geplante Hilfestellung möglich zu machen." (http://www.krank-und-autonom.de/weblog/?cat=5)

Ebenso auf Langfristigkeit und Nachhaltigkeit aufgebaut ist Schlingensiefs aktuelles Projekt 'Festspielhaus Afrika'. Mit der Auffassung 'Lernen von Afrika' lässt Schlingensief „ein Operndorf mit Schule, Musikschule, Filmklasse, Krankenstation, Pension und einem großen Festspielhaus" (http://www.schlingensief.com/) in Ouagadougou in Burkina Faso entstehen und legt am 08. Februar 2010 den Grundstein dafür.

> „Das FESTSPIELHAUS AFRIKA ist eine langfristige Initiative zu Eigeninitiative, die von einem ERWEITERTEN OPERNBEGRIFF ausgeht. In dem Versuch einer Resozialisierung europäischer Hochkultur funktioniert das FESTSPIELHAUS AFRIKA als Organ, das den Kreislauf zwischen der Oper und seiner ursprünglichen Umgebung wieder herstellt. Die Oper kann so ihren eigenen Begriff wieder auf das Politische und Soziale erweitern, wie etwa bei der legendären Aufführung von Aubers Oper "Die Stumme von Portici", 1830 in Brüssel, wo die Menschen mit den Parolen der Oper in einen direkten wörtlichen Dialog traten. Die Oper bewirkte so ungeheure Emotionen, dass das Publikum im 2. Akt das Theater verließ und auf den Straßen die bürgerliche Revolution auslöste." (http://www.festspielhaus-afrika.com/weblog/?page_id=23)

Als „mein idealer Künstler zurzeit" (Seeßlen, in: Frankfurter Allgemeine Zeitung 04.03.2010, Nr. 53: 38) wird Christoph Schlingensief von Georg Seeßlen in seiner Laudatio zur Verleihung des Helmut-Käutner-Preises am 2. März 2010 bezeichnet. Die mit 10.000 Euro dotierte Auszeichnung ehrt Schlingensief als „Künstler, der in seinem Werk Tapferkeit, Konsequenz und Reflexion verbindet" (ebd.).

„Eine Kunst wie die von Christoph Schlingensief ermächtigt nicht nur den Künstler, sie ermächtigt den Menschen gegen die Mikro- und Makrophysik der Macht. Sie beantwortet die Frage: "Sind wir noch da?" Oder wenigstens stellt sie diese notwendigste aller Fragen. Und allein dafür, wenn nicht ganz nebenbei auch noch eine Menge Schönheit im Spiel wäre, gebührt Christoph Schlingensief noch mehr als ein Preis: Nämlich unsere genaue Aufmerksamkeit, unser Hinschauen und Hinhören." (ebd.)

In derzeitiger Vorbereitung befindet sich Schlingensiefs Projekt 'Metanoia – über das Denken hinaus', mit welchem er am 03.Oktober 2010 Premiere in der Staatsoper Berlin feiern wird.
2011 wird Christoph Schlingensief Deutschland bei der Biennale in Venedig vertreten und den deutschen Pavillon gestalten.
Die kurze Vorstellung der Person Christoph Schlingensiefs und die kleine aufgeführte Auswahl seiner Arbeiten diente dazu, dem Leser die Bandbreite und Vielseitigkeit seiner Werke ersichtlich[13] zu machen.

Christoph Schlingensief bei einer Pressemitteilung im März 2010

[13] Eine umfassende Übersicht bietet darüber hinaus seine Homepage (vgl. http://www.schlingensief.com/).

3.2 Einflüsse auf das Schaffen von Christoph Schlingensief

Die Eigenwilligkeit des Künstlers und die stete Betonung seinerseits, sich gegen jede Eindeutigkeit zur Wehr zu setzen und keiner Schule anzugehören, gestaltet die Einordnung Schlingensiefs und seiner Arbeiten als äußerst schwierig. Es bietet aber auch den Vorteil, die ihm eigenen rebellischen Züge zu unterstreichen. Hans-Thies Lehmann siedelt Schlingensiefs Aktionen, „[...] irgendwo zwischen Pop, Dada, Surrealismus, Politik und Medientheater [...]“ (Lehmann, 1999: 220) an. Erika Fischer-Lichte bringt Schlingensiefs Theaterarbeiten in Verbindung mit dem Begriff des politischen Theaters.

> „Wir haben es anscheinend seit den 1990er Jahren mit einer Entwicklung zu tun, die auf eine Neufassung des Begriffs des p. Th.s hinausläuft, die sich weder auf allgemeine politische Phänomene noch auf Tagespolitik bezieht noch auch im Hinblick auf die prinzipielle Veränderbarkeit des Menschen und der Welt eine bestimmte politische Wirkung meint. Vielmehr geht es um neue Politiken des Ästhetischen, die es erst noch auf den Begriff zu bringen gilt.“ (Fischer-Lichte, 2005: 243)

Die Haltung Christoph Schlingensiefs, sich nicht festlegen zu lassen, wird in dieser Studie respektiert. Insofern folgt als Orientierungshilfe für den Leser lediglich ein Exkurs zum Dadaismus, der in der Kunstgeschichte eine Vorreiterrolle bezüglich der Grenzverschiebungen zwischen den Systemen einnimmt, so dass sich eine Wirkung auf Schlingensief nicht verleugnen lässt. In den Worten Bernd Maubachs heißt es dazu:

> „Tatsächlich aber sind Schlingensiefs Arbeiten gar nicht ohne die historischen Avantgarden, allen voran dem Dadaismus, aber z.T. auch Surrealismus und Futurismus, zu denken, denn die Avantgarde, so Peter Bürger, wendet sich gegen beides – gegen den Distributionsapparat, dem das Kunstwerk unterworfen ist, und gegen den mit dem Begriff der Autonomie beschriebenen Status der Kunst in der bürgerlichen Gesellschaft.“ (Maubach, 2005: o.S.)

Die vorliegende Studie geht außerdem auf Joseph Beuys ein, der für Schlingensiefs Anschauungen eine wichtige Rolle spielt und den Schlingensief mit Zitaten wie: „Aber von Beuys habe ich schon viel gelesen [...]“ (Schlingensief, in: Anthroposophie heute, Mai 2003: o.S.) oder aber „Da sind Gedanken drin, die finde ich interessant, die sind anwendbar“ (ebd.) huldigt.

3.2.1 Dadaismus

Die erste Gemeinsamkeit zwischen Christoph Schlingensief und dem Dadaismus ist wohl unübersehbar in der Begrüßung eines Urteils, „[...] das sich in keiner Weise festlegen will [...]“ (Elger, 2004: 6), zu finden. Dies entspricht ebenso der Einstellung Schlingensiefs als auch „[...] den Zielen und dem Geist Dadas [...]“ (ebd.).

Die Entstehung der künstlerisch-literarischen Stilrichtung Dadaismus ist auf das Jahr 1916 zurückzuführen und findet ihren Anfang im Cabaret Voltaire in Zürich. Hier treffen sich Künstler, Schriftsteller, Oppositionelle und Emigranten, die sich als Dadaisten „[...] gegen die Lebens- und Kunstvorstellungen des Bürgertums [...]“ (ebd.) wenden.

> „„Dada war für mich Aufbruch und Abbruch. Im freien Zürich, wo die Zeitungen sagen konnten, was sie wollten, wo man Zeitschriften gründete und Gedichte gegen den Krieg vortrug, hier wo es keine Brotkarten und keinen ‚Einsatz‘ gab, hier hatte man die Möglichkeit, alles das hinauszuschreien, was einen bis zum Bersten erfüllte.“ Richard Huelsenbeck“ (ebd.:10)

Die Entstehung der Bewegung in Zürich und ihre Auflösung in Paris Anfang der 20er Jahre ist auf die damalige politische Situation in Europa zurückzuführen und als eine Reaktion darauf zu verstehen. Über Zürich, Berlin, Hannover, Köln, New York, Paris und viele andere Städte dehnt sich der Dadaismus aus und genießt dabei eine breite Unterstützung (vgl. ebd.: 7). Die Anliegen der Dadaisten variieren in gewissem Maße an den jeweiligen Orten.

> „In Zürich, dem Gründungsort des Dadaismus, wandten sich seine Mitstreiter vor allem mit einem literarischen Bühnenprogramm an die Öffentlichkeit. In Berlin verstand der Dadaismus sich auch als ein politischer Protest. Hingegen konzentrierten sich die Kölner Dadaisten auf die Entwicklung neuer künstlerischer Verfahren und Bildfindungen.“ (ebd.:6f.)

Gemeinschaftlich streben die Dadaisten, „[...] ohne Rücksicht auf Logik, Moral oder Konvention [...]“ (ebd.: o.S.), „[...] eine provokative Anti-Kunst an und verneinen jedes ästhetische System [...]“ (ebd.). Dieses methodische Prinzip des Dadaismus erinnert an die Vorgehensweise Schlingensiefs und wirft die Frage auf, ob nicht die Schlingensiefsche Ästhetik der Zerstörung[14] und „des Verlustes“ (Löhndorf, in: Kunstforum Oktober 1998, Band 142: 94ff.) in direkter Tradition dazu steht.

> „Der Dadaismus war keine ausschließlich künstlerische, literarische, musikalische, politische oder philosophische Bewegung. Tatsächlich war er all das und zugleich dessen Gegenteil: anti-künstlerisch, provozierend literarisch, spielerisch musikalisch, radikal politisch, aber anti-parlamentär, manchmal auch nur kindisch. Entsprechend pflegten viele der Dadaisten ihre Doppelbegabungen. Als Vortragskünstler waren sie ebenso engagiert und erfindungsreich wie im Umgang mit den bildnerischen Techniken.“ (Elger, 2004: 6)

Der Versuch der Dadaisten, die Trennung zwischen Leben und Kunst zu überwinden und beides wieder in eine Einheit zu bringen (vgl. Peter Bürger 63ff), findet sich auch in den Arbeiten Schlingensiefs wieder.

> „Leben und Kunst gehen bei Schlingensief immer seltsame Allianzen ein. Oft zeigt er das Leben, das die Kunst oder die Medien imitiert.“ (Löhndorf, in: Kunstforum Oktober 1998, Band 142: 94ff.)

Mit der Initiierung von Schocks, Überraschungen und Skandalen hantieren die Dadaisten in der Öffentlichkeit und erzeugen einen erwünschten Widerspruch im Publikum, so dass die Veranstaltungen häufig in Aufruhr und Tumult enden (vgl. Egler, 2004: 7).

> „Zahlreiche dadaistische Zeitschriften wurden verboten, Ausstellungen geschlossen, Exponate konfisziert und die Künstler gelegentlich auch inhaftiert.“ (ebd.)

An dieser Stelle auf die Verhaftung Schlingensiefs während der documenta X wegen seiner ‘Tötet Helmut Kohl! – Aktion’ zu verweisen, ist nahe liegend und unterstreicht die Verbindung zwischen Schlingensief und dem Dadaismus nochmals. Ebenso existiert ein Zusammenhang in der Einstellung bezüglich der vermeintlich höheren Stellung des Künstlers. Der Dadaismus spottete „[...] über die Idee, dem Künstler komme ein Sonderstatus zu. Für ihn war der Künstler ein ganz gewöhnlicher, fehlbarer Sterblicher – ein Mensch wie jeder andere“ (Short,

[14] „Es ist also eine Ästhetik der Zerstörung, aber nicht die Zerstörung des »Modernismus«, die das Alte auslöschen will, um das Neue zu etablieren, sondern eine Zerstörung, die sich bereits selber zum Inhalt hat.“ (Seeßlen, http://www.schlingensief.com/bio_seesslen.php)

1984: 22). Schlingensiefs Kritik richtet sich in derselben Weise gegen die Überheblichkeit einiger Theatermacher.

> „Es ist das ewige Besserwissen, das Theater für viele an den Bühnenrand der Unerträglichkeit gezerrt hat, dieses ekelhaft altkluge »Wir hier oben erklären euch da unten mal kurz die Lage«. Wüsste man es nicht besser, könnte man beinahe glauben, Regisseure und Schauspieler seien humane Idealisten und ideale Menschenkenner, die vor lauter Gerechtigkeitssinn, Friedens- und Freiheitsdrang zur Publikumsbelehrung läuten [...]" (Schlingensief, in: Die Zeit 21.04.2005: o.S.)

Die Dadaisten dagegen schüren die Erwartungen ihres Publikums immer weiter, so dass sie sich letztlich ins Gegenteil verkehren.

> „Mit der Zeit verlor der dadaistische Skandal seine Schockwirkung und begann der Öffentlichkeit Spaß zu machen; man amüsierte sich, ohne sich um die Absichten zu kümmern. Sobald die dadaistische Aktion nicht mehr im Geruch des wahrhaft Subversiven stand, sobald man die Dadaisten nicht mehr als gefährliche Radikale betrachtete, sondern für ungezogene Jungen hielt, war das Ende der Bewegung abzusehen." (Rubin, 1972: 11)

Mit Gefahren wie der Wirkungslosigkeit der Aktionen, dem Verlust des öffentlichen Interesses oder der Verklärung in einen Personenkult muss sich auch Schlingensief auseinandersetzen.

> „Der dauernde moralische Weckruf mit den Mitteln der gestörten Harmonie, den Schlingensief betreibt, unterliegt allerdings der Gefahr aller Provokationskunst: Hat man ihre Methode durchschaut, geht die Irritation verloren. Und so macht sich gerade innerhalb des Theatersystems mittlerweile eine gütige Neugier für seine Entregelungen breit, die Gift für die Wirkung ist." (Briegleb, http://www.schlingensief.com/bio_goethe.php)

Schlingensiefs Reaktion, eine Verbindung zwischen seiner Arbeit und dem Dadaismus abzulehnen, wird verständlich, wenn man sich vor Augen führt, dass diese Kunstbewegung den Sprung, aus der Kunstkategorie herauszukommen, letztlich nicht geschafft hat (vgl. Maubach, 2005: o.S.). Trotzdem lassen sich viele unverkennbare Parallelen finden – so auch der deutliche Bezug auf die aktuellen Verhältnisse in der Gesellschaft und der Politik.

> „Der Dadaismus war vor allem Ausdruck einer bestimmten Geisteshaltung, mit der eine internationale Jugend auf die politischen und gesellschaftlichen Verwerfungen ihrer Zeit reagierte. Ihren Widerspruch formulierten sie in anarchischen, irrationalen,

> widersprüchlichen und sinnfreien Aktionen, Rezitationen und bildnerischen Werken. [...] Die Dadaisten wollten in ihrer Zeit wirken und betonten deshalb vor allem das aktionistische Element ihrer Aktivitäten." (Elger, 2004: 7)

Als Aktionskünstler versteht es Schlingensief bestens in seinem Schaffen auf die aktuellen, gesellschaftlichen Begebenheiten einzugehen. Er bedient sich dabei in mancher Hinsicht der gleichen künstlerischen Ausdrucksmittel wie die Dadaisten, die vorwiegend mit der Collage, Montage und Assemblage agieren. Christoph Schlingensief, „[...] ein Meister der spontanen Montage von scheinbar so unvereinbaren Gegensätzen wie Theater und Politik, Spiel und Ernst, Fiktion und Realität, Spott und Moral [...]" (Umathum, in: Theater der Zeit, 2003: 151), könnte dem Dadaismus die Rolle als Vorreiter einiger weniger Elemente seiner Arbeit zuweisen. Grundsätzlich sind die verschiedenen Einflüsse auf Schlingensiefs Arbeit als Versatzstücke aufzufassen.

> „Er bezieht sich sporadisch darauf, übernimmt einzelne Elemente und errichtet seinen eigenen Steinbruch daraus, ohne dass dadurch ein homogenes Ganzes im Sinne eines organischen Werkes entstehen würde." (Maubach, 2005: o.S.)

In ebendieser Weise gestaltet sich auch der Einfluss Joseph Beuys auf Schlingensief, auf den im Folgenden näher eingegangen wird.

3.2.2 Der Künstler Joseph Beuys

In der Eigenart ihrer Kunst und der Eigenwilligkeit ihrer Personen finden sich die Ähnlichkeiten und die Überschneidungen zwischen Christoph Schlingensief und Joseph Beuys wieder.
Joseph Beuys gilt in der Kunstszene als „[...] Deutschlands schwierigster Nachkriegskünstler [...]" (Stachelhaus, 2006: 7). Die Auseinandersetzung mit ihm und seinen Werken wirft oft Rätsel, Unverständnis und Irritationen auf, da er sich „[...] quer zu den Modeströmungen der Gegenwartskunst [...]" (Selle, 1994: 6) stellt.

> „Die Geschichte der Auseinandersetzungen mit Beuys ist zugleich Spiegel der Rezeption von Beuys, Spiegel seiner Marktgeschichte und nicht zuletzt auch seines sich

> steigernden Anspruchs, diese Gesellschaft im Sinne seiner plastischen Theorie von Grund auf umzukrempeln." (Romain, Wedewer, 1972: 7)

In seiner Eigenart tritt er als Aktionskünstler, Bildhauer, Zeichner, Kunsttheoretiker, Lehrer und Politiker auf (vgl. ebd.). In dem breiten Spektrum seiner Arbeit

> „[...][tut er], immer das, was scheinbar abwegig [ist] – 100 Tage auf der documenta reden, sich in Filz einwickeln, stundenlang auf einem Fleck stehen, mit einem Kojoten zusammenleben, Leuten die Füße waschen, Gelatine von der Wand nehmen, den Wald fegen, dem toten Hasen die Bilder erklären, eine Partei der Tiere gründen und das Messer verbinden, als er sich in den Finger geschnitten [hat]." (Stachelhaus, 2006: 98)

Auch als Schamane versteht sich Beuys. Er bringt in diesem Selbstverständnis seine „[...] Beziehung zum Ritual, etwa dem Opfer- oder Heilungsritual [...]" (Maubach, 2005: o.S.) deutlich zum Ausdruck. „Beuys' Kunst hat so immer auch eine wesentliche Bedeutung für die seelischen Bereiche, die empfänglich sind für Mythen, Magie, Riten und schamanistischen Zauber." (Stachelhaus, 2006: 94)
In der Rezeption seiner Werke entstehen im Laufe seiner künstlerischen Arbeit zwei unterschiedliche Positionsgruppen:

> „[...] Anhänger und Jünger, die keinen Widerspruch mehr gegenüber dem Meister dulden, und [...] erbitterte Gegner, die teils aus reaktionärem Starrsinn, teils aber auch aus gesellschaftspolitischen Einsichten heraus Beuys rundweg ablehnen." (Romain, Wedewer, 1972: 7)

Schlingensief zählt sich dabei nicht zu den Beuys-Jüngern. Er lehnt solche Vereinnahmungen grundsätzlich ab. Vielmehr filtert Schlingensief einzelne, für ihn interessante, Elemente und Gedanken Beuys für sich und seine Arbeit heraus und lässt sich auf diese Weise von ihm inspirieren.

> „Mich interessiert die Kraft, die ein Objekt haben kann, wie man das etwa bei Beuys sieht [...] diese Objekte, wo man ratlos davorsteht, aber das hat eine Aufladung. [...] Ich will, dass die Leute sich in Bereiche hineinbegeben, Aufladungen spüren. So habe ich einmal vorgeschlagen, im Theater eine Woche lang zu spielen ohne Publikum und dann die Leute reinzulassen und sie sollen nur merken, ob eine Veränderung in dem Raum war." (Schlingensief, in: Anthroposophie heute, Mai 2003: o.S.)

Interessant für Schlingensief sind daneben die bei Beuys auftretenden Elemente seines Kunstbegriffes, der Leben und Kunst zusammenführt und seine Auffassung, jedem Menschen kreative Fähigkeiten zuzusprechen (vgl. Stachelhaus, 2006: 79).

> „Mit seiner ›Sozialen Plastik‹ hat Beuys den überkommenen Kunstbegriff, der das vom Künstler geschaffene singuläre Kunstwerk meint, entschieden in Frage gestellt.[...] Erst wenn die Kunst in alle Lehr- und Lebensbereiche integriert sei, könne es eine leistungsfähige geistige und demokratische Gesellschaft geben.“ (ebd.: 86)

Alle Störfaktoren und chaotischen Begebenheiten der Arbeit Joseph Beuys finden in besonderem Maße Anklang bei Christoph Schlingensief. Diese Begebenheit erklärt sich aus der nachfolgend aufgeführten Vorgehens- und Arbeitsweise Schlingensiefs von selbst.

> „In der Anhäufung von Schwachsinn findet sich eben mehr Wahrheit als in der Anhäufung von Wahrheit. Das sagt auch Beuys. Eine verrückte Idee bleibt in den Köpfen der Leute; was du verstanden hast, vergißt du sofort.“ (Schlingensief in: Lochte, Schulz, 1998: 20)

Ob und in welcher Weise dieser – auf Beuys gegründete – Gedanke in Schlingensiefs Arbeit Anwendung findet, zeigt sich im folgenden Kapitel.

3.3 Über die Arbeit Christoph Schlingensiefs

Als Künstler bewegt sich Christoph Schlingensief in den Genres Film, Fernsehen, Theater, Bildende Kunst und Oper. Dabei hat er oft eine eigene Vorstellung davon, wie sich die Arbeit im jeweiligen Bereich gestalten soll, ohne sich dabei von Konventionen beirren oder Kritikern verunsichern zu lassen. Konsequent bleibt Schlingensief sich selbst und seinen Ideen, die oft mit Unverständnis und Empörung aufgefasst werden, treu. Dieses unbeugsame Agieren Schlingensiefs wird im Folgenden hinsichtlich des Theaterbereiches dargestellt, da es für die Thematik dieser Studie gilt, die rebellischen Züge Schlingensiefs besonders in dieser Disziplin herauszukristallisieren. Dazu wird zunächst die Einstellung Schlingensiefs bezüglich des Genres Theater erläutert.

3.3.1 Christoph Schlingensiefs Einstellung bezüglich des Theaters

Der „[...] Wiedergänger des eigentlich längst ausgestorbenen Typus ‹Universalkünstler› [...]“ (Behrendt, in: Theater heute, 8/9. 2007: o.S.) hält 1993 mit seiner Inszenierung ‘100 Jahre CDU – Spiel ohne Grenzen’ Einzug ins Theater und macht „[...] in Wien, Zürich und vor allem an der Berliner Volksbühne [...]“ (ebd.) von sich Reden. Etliche Theaterinszenierungen und Uraufführungen finden unter der Federführung Schlingensief statt, der das Theater nach seinem Belieben umformt. Von Anfang an beklagt Schlingensief „[...] das Sein des aktuellen Theaters [...]“ (Schlingensief, in: Theater heute, Januar 2003: o.S.), das sich auf die Bühne und in die Fiktion zurückzieht und „[...] sich mit wortwörtlichen Anspielungen begnügt [...]“ (ebd.).

> „Ist das nicht das tatsächlich Unfassbare am Theater? Der Rückzug in sich selbst und die Genügsamkeit des ästhetischen Kommentars bei einem Gläschen Premierensekt? Muss das Theater den Macht- und Rechthabern, den Opportunisten und Lügnern im Alltag nicht eigentlich auf halber Strecke in ihre Trutzburgen zuschreien: «Machen Sie den Weg frei, das Theater ist da! Wenn Sie mit Ihrer Vorstellung nicht ins Theater kommen, dann kommt das Theater eben zu Ihnen!» Stattdessen gibt´s das «Schauspielhaus-Starter-Kit»: ein Reclam-Schauspielführer, eine Anleitung zum professionellen Applaus, zwei Theatergutscheine – einfach alles, was man als gut funktionierendes Theater so braucht.“ (ebd.)

Schlingensiefs Kritik richtet sich an den konventionellen Theaterbetrieb, der nach seiner Meinung den Anschluss an die Wirklichkeit längst eingebüßt hat und auf jenen morschen Brettern spiele, die rein gar keine Welt mehr bedeuten (vgl. Schlingensief, in: Berliner Morgenpost 30.12.03: o.S.). Er plädiert dafür, dass die Verantwortlichen „[...] das ewige Gerede, Theater müsse ein Ort der Experimente sein [...]“ (tip Berlin Januar 2005: o.S.) endlich ernst nehmen sollten und statuiert mit seinem Theater ein Exempel dafür.

Schlingensief konstruiert ein „[...] spontanes und Regel verletzendes Theater [...]“ (Briegleb, http://www.schlingensief.com/bio_goethe.php), mit dem er „[...] einen vehementen Kampf gegen Heuchelei mit den Mitteln der Aktionskunst, des Tabubruchs, der Überforderung und der Improvisation [...]“ (ebd.) eingeht. Dabei tritt er selbst auf die Bühne und wird zum Teil der Inszenierung.

> „Er tritt nicht nur hinter seiner Arbeit hervor, sondern wird selbst ihr wesentlicher Bestandteil. Das macht die Faszination seines Theaters aus, das ist Schlingensiefs eigentliche Leistung. Es ist ein ungeschützter Schritt nach vorn. Ein Durchbruch." (Löhndorf, in: Kunstforum Oktober 1998, Band 142: 94ff.)

Dabei erhebt sich Schlingensief in keiner Minute über sein Publikum, sondern sucht den gemeinsamen Dialog und die Gruppenerfahrung (vgl. ebd.). Genauso wichtig und unberechenbar wie die Synthese zwischen den Darstellern und dem Publikum empfindet Schlingensief die Synthese zwischen den Schauspielern. Mit seinem festen Ensemble bestehend aus Schauspielern, Behinderten und Laiendarstellern greift Schlingensief „[...] in den aktuellen gesellschaftspolitischen Diskurs ein [...]" (http://www.schlingensief.com/theater.php).

> „Themen wie Rechtsextremismus, Naziaussteigerprogramm, die Imitation eines Millionengewinnspiels, der Irakkrieg aber auch Attacken auf Kunst und Theater stehen im Mittelpunkt seiner Inszenierungen." (ebd.)

Damit versucht er der gängigen Form des Theatermachens entgegenzuwirken, die nach seiner Meinung „[...] die wirklichen Probleme von draußen [...]" (Schlingensief, in: Theater der Zeit, Oktober 2002: 10f.) wegschließt und den Transfer ins reale Leben nicht schafft. Schlingensief strebt dagegen die Etablierung einer Gedankenbrücke an und forscht nach weiteren Transportmitteln fürs Theater, „[...] die dann nach der Aufführung auch im Außenbereich die Inszenierung vorantreiben [...]" (ebd.) sollen. Dies versteht er unter einem erweiterten Theaterbegriff (vgl. ebd.).

> „Schlingensief [...] fordert ein Theater, das in die Städte einmarschiert, das auf die Barrikaden geht, ein Theater, das nicht spielt, sondern das „was wäre wenn" durchspielt. Im Theater verschwinden auf diese Weise die Grenzen von Wahrheit und Spiel. Und da sich Politik der Mittel des Theaters bedient, muss sich das Theater der Mittel der Politik bedienen. Es sollte sich den Dilettantismus politischer Inszenierungen zu eigen machen und die geschlossene Moral-Anstalt Theater den tagtäglichen Widerwärtigkeiten öffnen. Theater heute ist Politik und Politik ist lange schon Theater. Die Bühne sollte sich anschicken, die Bessere von beiden zu werden." (Kuhla/Mühl-Benninghaus, 2005: 260)

Schlingensiefs Theaterinszenierungen verhalten sich in dieser Weise. Seine verwendete „Ästhetik des Verlustes" (Löhndorf, in: Kunstforum Oktober 1998, Band 142: 94ff.) und der Zerstörung kommt auch hier zur Geltung und lässt das

Theater zu einem Ort der Unwägbarkeit werden. „Behinderungen, Pannen, Pausen oder Störungen sind immer wiederkehrende Inszenierungsbrüche, die die Frage aufwerfen, welche Spielregeln für Schauspieler und Zuschauer gelten." (http://www.schlingensief.com/theater.php). Systematisch verstößt Schlingensief gegen Form und Funktion und bietet Lösungen und Botschaften Einhalt.

> „Die Kontrollmechanismen verlieren und das zugleich als eine Inszenierung begreifen, sich in einem fließenden Zustand befinden, das ist der Kern meines Theaters. [...] Ich will das Leben überzeugen, dass es zum großen Teil inszeniert ist, und das Theater, dass es ohne das Leben überhaupt nicht auskommt." (Schlingensief in: Lochte, Schulz, 1998: 13f.)

Diese Grenzverwischung findet sich auch in dem Verhältnis zwischen Zuschauer und Schauspieler – Bühne und Publikumsraum – bei Schlingensief wieder, das im Folgenden näher beschrieben wird.

Christoph Schlingensief bei der Eröffnung seiner Werkschau am 02. März 2010 im Filmmuseum Düsseldorf

3.3.2 Die besondere Rolle des Zuschauers bei Schlingensief

Eine besondere Stellung erfährt der Zuschauer bei Schlingensief, der sich als Künstler vornehmlich in Bildern auszudrücken vermag und nach eigener Aussage auch mehr in Bildern denkt (vgl. Schlingensief, in: Vogue Mai 2004: o.S.). Nach seinen Theaterinszenierungen '100 Jahre CDU – Spiel ohne Grenzen' (1993) und 'Kühnen `94 – Bring mir den Kopf von Adolf Hitler' (1993) möchte Schlingensief die Kraft der Bilderflut erhöhen, indem er die Betrachter nicht länger in der Zuschauerrolle verbleiben lässt, sondern sie zum Teil der Bilder macht (vgl. Horst, http://www.schlingensief.com/schlingensief.php). Die Begründung Schlingensiefs für diese Entscheidung lautet:

> „Die Bilder allein reichen nicht. Man muss die Dinge spüren, sie körperlich nachvollziehen." (Schlingensief zit. n. Umathum, in: Theater der Zeit, 2003: 146)

Schlussfolgernd entfernt er für die Darbietung von 'Rocky Dutschke ´68' (1996) die Stuhlreihen im Auditorium der Berliner Volksbühne, so dass sich der abgegrenzte Publikumsbereich auflöst und sich der gesamte Theaterraum zur Mega-Bühne wandelt (vgl. Umathum, in: Theater der Zeit, 2003: 146).
Mit dieser Entscheidung, die Grenze zwischen Publikum und Darstellern zu lockern, arbeitet Schlingensief fortan weiter. Das dahinter stehende Motiv, ausdrucksstarke Bilder zu erzeugen, bleibt erhalten und verlässt mit der Zeit den konventionellen Theaterraum.

> „Nachdem Schlingensief das Publikum in seine Bilder geholt hat, beginnt er sich fortan mit seinem Theater in die Bilder der anderen zu werfen. Auf die Straße, hinein ins Leben." (ebd.)

Die Zeit „[...] des unbehelligten und distanzierten Kunstgenusses [...]" (ebd.) hat mit dieser Verschmelzung zwischen Realität/Fiktion und Zuschauer/Schauspieler ein Ende. Wie Schlingensief diesen Zustand in extremen Dimensionen darstellt, wird im nächsten Kapitel exemplarisch skizziert.

3.3.3 Ein Beispiel aus der Praxis: Ausländer raus! – Containeraktion in Wien

> „Wenn mich etwas ärgert, wenn irgendetwas nicht stimmt, dann habe ich gefälligst dafür zu sorgen, dass das Bild, das sich darstellt als ein gesäubertes und verständnisvolles Bild gestört wird. Also es ist eine Bilderstörungsmaschine gewesen." (Christoph Schlingensief in: 'Ausländer Raus! – Schlingensiefs Container' 2005)

So äußert sich Christoph Schlingensief zu seiner Aktion 'Bitte liebt Österreich! – Erste Österreichische Koalitionswoche', die im Rahmen der Wiener Festwochen im Sommer 2000 gezeigt wird. Mit dieser 7-tägigen Inszenierung reagiert er auf die vorherrschende Politmisere in Österreich.[15]

> „Haiders Vorschläge zur Lösung der ‚Überfremdungsprobleme' können nicht abstrakt widerlegt werden. Das muss man mal praktisch durchspielen." (Schlingensief, in: Kurier 02.06.2000: 31)

Dazu wird von Schlingensief ein Eliminationsspiel ins Leben gerufen. Er lässt zwölf vermeintliche Asylbewerber in einen Container neben der Wiener Staatsoper ziehen und beginnt damit seine Theateraktion, die nach dem gleichen Schema wie die Fernsehshow Big Brother abläuft. Rund um die Uhr werden die ausländischen Insassen von sechs Kameras überwacht, deren Bilder auf dem Herbert-von-Karajan-Platz in Wien und im Internet zu sehen sind. Die Bevölkerung kann täglich je nach Sympathie per Telefon oder E-Mail abstimmen, wer als nächster den Container verlassen muss – was in Schlingensiefs Inszenierung Abschiebung bedeutet. Allabendlich trifft es zwei der Bewohner, die dann unverzüglich zur österreichischen Grenze gefahren und ausgewiesen werden. Dem Sieger dagegen winkt ein Geldgewinn und eine etwaige Einheirat in die österreichische Wahlheimat (vgl. http://www.schlingensief.com/projekt.php?id=t03 3).

Der Container, welcher mit Requisiten wie der wehenden FPÖ-Fahne, dem Logo der Kronenzeitung[16] und einem über dem Dach ragenden „Ausländer Raus"-

---

[15] Am 04.Februar 2000 geht Bundeskanzler Wolfgang Schüssel und seine Volkspartei die Regierung mit der fremdenfeindlichen FPÖ ein (vgl. 'Ausländer Raus! – Schlingensiefs Container' 2005)

[16] Die Kronen Zeitung, allgemein nur kurz Krone genannt, ist die auflagenstärkste österreichische Boulevardtageszeitung.

Schild verziert ist, entwickelt sich im Laufe der Inszenierung zum Medienereignis schlechthin.

> „Im Handstreich hat Schlingensief zustande gebracht, was dem künstlerischen und politischen Widerstand in fünf Monaten nicht gelang: eine Totalmobilisierung der österreichischen Öffentlichkeit. Das Dossier mit Rezensionen, Frontberichten und Interviews, das die Wiener Festwochen zusammengestellt haben, ist mittlerweile so dick wie das Telefonbuch von New York. Wie ein begnadeter Puppenspieler ließ Schlingensief die Politmarionetten an seinen Fäden tanzen." (Miessgang, in: Die Zeit 29.06.2000: o.S.)

Dabei ging es Schlingensief gar nicht darum, „[...] wie viel die Presse darüber schreiben [...]" (Schlingensief, in: Theater heute 8/9. 2000: o.S.) wird, sondern „[...] mit einer Spiegeltechnik zu arbeiten, in deren Zentrum Widerstand und Glaubwürdigkeit [...]" (ebd.) stehen. Die Menschen sollen hinterfragen:

> „Ab wann glaube ich, dass es sich hier um Theater handelt? Was glaube ich den Medien? Kann ich der Oberfläche trauen?" (ebd.)

Schlingensiefs Prinzip der Totalirritation geht bei der Darbietung in Wien mit Bravour auf und erzeugt große Aufregung im Hinblick auf die wahre Identität der Asylbewerber und die Authentizität der Inszenierung.

> „Unaufhaltsam dreht sich im Laufe der sechs Tage die Spirale der Absurditäten. Indem Schlingensief ein Konglomerat aus unzensierten und zumeist unkommentierten Medien- und Politikzitaten bastelt, generiert er eine uferlose Reaktionsmaschine." (Umathum, in: Theater der Zeit, 2003: 149)

Diese Reaktionen äußern sich unter anderem darin, dass ein Mann, der in größter Aufregung verlangt, dass das 'Ausländer Raus'-Schild entfernt werden soll (Umathum, in: Theater der Zeit, Oktober 2000: 38), polizeilich abgeführt wird sowie darin, dass Anti-Haider-Demonstranten den Container stürmen.

> „Der schönste Moment für mich war, als die Demonstranten den Container stürmten. Die Asylanten bekamen Angst, und die Demonstranten erlitten einen vermeintlichen Schock, und dieser vermeintliche Schock hieß Realität. Die merkten, dass da was echt war. Genau das bringt uns in die Bredouille: Ich muss mir selber den Kopf einschlagen, um zu begreifen, dass es weh tut." (Schlingensief, in: Theater heute 8/9. 2000: o.S.)

Selbst die Wiener Festwochen versuchen vergeblich 'Bitte liebt Österreich' zur reinen Kunst-Veranstaltung zu entschärfen (vgl. Theater heute 8/9. 2000: o.S.) und lassen „[...] nach einigen Tagen ein Schild mit der Aufschrift „This is a performance organized by the Vienna Festival" am Container [...]" (Umathum, in: Theater der Zeit, Oktober 2000: 38) aufstellen. Gegen Schlingensief werden aufgrund von Anzeigen und Beschwerden Ermittlungen von der österreichischen Polizei aufgenommen (vgl. Berliner Morgenpost 16.6.2000: o.S.).
Trotz der Verwirrungen und Irritationen scheinen Schlingensiefs Erklärungen, die er auf oder vor dem Container durch ein Megaphon brüllt, simpel.

> „Dies ist ein Testdurchlauf. Wir wollen doch mal sehen, wie blöd diese Regierung eigentlich ist und wie lange das Schild dort oben hängen bleibt." (Schlingensief zit. n. Umathum, in: Theater der Zeit, Oktober 2000: 37)

Filmplakat zu 'Ausländer raus! – Schlingensiefs Container' von Paul Poet

Mit Schlingensiefs Inszenierung ist es nach Josef Bierbichler gelungen, „[...] dem Theater die Gegenwart des Alltags [...]" (Bierbichler, in: Theater heute 8/9. 2000: o.S.) wieder zu geben.

„Indem er Haider beim Wort nahm, seine Sätze „Realität“ werden ließ, Europa und den knipsenden Touristen die bösen Bilder bot, die es sich von Österreich machte, den Zynismus der Warenwelt auf die Spitze trieb, die mit Menschenschicksalen auf Quotenjagd geht, wirkte seine Aktion, in der so genannte Realität und Fiktion nahtlos ineinander übergingen, wie das Lackmuspapier im trüben österreichischen Teich. Ob er wollte oder nicht, jeder war gezwungen, Farbe zu bekennen, seine Rolle im Spiel zu wählen.“ (Niedermeier, in: taz 19.06.2000: o.S.)[17]

Genau diese Kunst, den Menschen dazu zu bringen, sich wieder mit sich selbst und seiner Umgebung – einschließlich der gesellschaftlichen und politischen Lage – auseinanderzusetzen, verleiht Schlingensief seine Rolle als Rebell.

4. Augusto Boal und Christoph Schlingensief – zwei Rebellen in der Theaterlandschaft

Warum Schlingensief und Boal im Verständnis dieser Studie als Rebellen begriffen werden und wie sich in diesem Zusammenhang ihre Handlungsweise auszeichnet, wird im Folgenden weiter ausgeführt.

4.1 Erste Annäherung an die Zuschreibung als Rebellen

Um Augusto Boal und Christoph Schlingensief als Rebellen in der Theaterlandschaft bezeichnen zu können, muss zunächst geklärt werden, welches Verständnis dem Ausdruck ‘Rebell’ dieser Studie zugrunde liegt.

---

[17] Weitere Informationen zu Schlingensiefs Aktion ‘Bitte liebt Österreich – Erste Österreichische Koalitionswoche’ liefern die, in Buchform erschienene, Dokumentation ‘Schlingensiefs Ausländer Raus’ von Matthias Lilienthal und Claus Philipp sowie der Film ‘Ausländer Raus! – Schlingensiefs Container’ von Paul Poet (vgl. Poet 2005; Lilienthal/Philipp 2000).

Aus dem Lateinischen kommend steht der Begriff Rebell synonym für Anführer, Empörer oder Aufständischer (vgl. http://lexikon.meyers.de/meyers/Rebell). In seiner Bedeutung bezieht sich der Ausdruck auf:

1. Personen, die sich an einem Aufstand beteiligen;
2. Personen, die sich den Normen widersetzen/ die aufbegehren (vgl. Wissenschaftlichen Rat der Dudenredaktion, 1999: 3120).

In der Weise, wie der Begriff in dieser Studie Verwendung findet, grenzt er sich von der ersten Personengruppe insofern ab, als dass sich die rebellischen Züge Boals und Schlingensiefs nicht durch die Anwendung von Gewalt, Krieg und Terror auszeichnen. Vielmehr steht der Ausdruck Rebell in der vorliegenden Studie für einen Anstifter und Auslöser friedlicher Auseinandersetzungen. Davon ausgehend impliziert die – der Studie zugrunde liegende – Bedeutung des Rebellen die Wahrnehmung von Ungerechtigkeit, das Auflehnen gegen und Nichtakzeptieren der herrschenden Verhältnisse und das friedliche Aufbegehren dagegen.

Die zweite Definition des Begriffes Rebell trifft somit für die Belegung der vorgestellten These uneingeschränkt zu. Die Widersetzung gegen Normen beinhaltet für das Verständnis dieser Studie ein Querdenken, ein Verweigern der und das Sich-Behaupten gegen die geltenden Standards – sowohl im Bereich des Theaters als auch mit den Mitteln des Theaters in anderen Bereichen wie beispielsweise der Politik. In diesem Sinne ist der Begriff Rebell gleichzusetzen mit dem des Nonkonformisten, der sich mit seinen Ansichten ungehorsam gegen die allgemein übereinstimmende Masse richtet und sich dieser nicht unterwirft.

In der vorliegenden Studie wird die Zuschreibung als Rebell in der Theaterlandschaft positiv und konstruktiv gewertet. Sie impliziert ein Ausprobieren, Erforschen und gegebenenfalls Etablieren von neuartigen Theaterformen/-methoden und innovativen Darstellungsweisen. Ebenso schließt der weit gefasste Begriff ein ausgeprägtes Engagement, sich für die eigene Theaterarbeit einzusetzen sowie neue Rezeptions- und Wirkungsweisen zu konstruieren, ein. Für den Erhalt der Bezeichnung Rebell werden persönliche Eigenschaften vorausgesetzt, wie ein starker Charakter, eine individuelle Überzeugung und Mut, der für eine Rebellion benötigt wird.

Nach dieser Begriffsbestimmung folgt die Darstellung der notwendigen Faktoren, die Augusto Boal und Christoph Schlingensief zu Rebellen in der Theaterlandschaft werden lassen.

Augusto Boal und Christoph Schlingensief setzen sich persönlich für die Realisierung ihres Theaterverständnisses ein. Dafür nehmen sie die Konsequenzen und Unannehmlichkeiten auf sich, die bei einem solchen Engagement entstehen. Beispielhafte Folgen der Rebellion Augusto Boals waren ein dreimonatiger Gefängnisaufenthalt – einschließlich Folterungen – sowie die mehrmaligen Ausweisungen ins Exil.
Schlingensief dagegen erfährt immer wieder die strikte Ablehnung seiner Kunst von verschiedenen Kritikern und muss lernen mit persönlichen Angriffen in der Presse zurechtzukommen. Äußerungen wie „[...] es sei bekannt, „dass Schlingensief offensichtlich eine Verhaltensstörung hat."" (Schödel, in: Süddeutsche Zeitung 15.6.2000: o.S.) werden immer wieder laut sowie der Vorwurf der reinen Selbstdarstellung.
Davon unbeirrt verfolgen beide den Weg, der die Verwirklichung ihrer Ideen zum Ziel hat. In Schlingensiefs Biographie liest sich das nach Dieter Kuhlbrodt folgendermaßen:

> „Ohne jede Rücksicht auf die Normen [...] oder auf die Theorien der Avantgardekunst oder auf die Verwertbarkeit seiner Filme begab er sich als Abenteurer, Held und Einzelkämpfer auf die Suche nach Ausdruck für eigene Bilder, eigene Mythen und eigene Symbole." (Kuhlbrodt, in: EPD -Film 1989: o.S.)

Als weiterer Faktor, der das Rebellentum beider Aktivisten beschreibt, ist die Tatsache zu nennen, dass Augusto Boal und Christoph Schlingensief sich mit ihrer Arbeit gegen die Ungerechtigkeiten der Welt stellen. Sie thematisieren die nichtakzeptablen und unzulänglichen Verhältnisse in der Gesellschaft und erzeugen dadurch Reibung. Mit ihrem Auflehnen stoßen sie den Rezipienten zur eigenen Auseinandersetzung an.
Schlingensief gelingt dies in seinen Inszenierungen durch Irritationen, Grenzverschiebungen, Verwischungen von Gegensätzen, Absurditäten und Provokationen. Er schürt den Zweifel und die Unsicherheiten und bietet durch seine Verweigerung einer Zuordnung keinerlei Hilfestellung geschweige denn Lösungsvorschläge. Schlingensief „[...] zwingt damit den Zuschauer zur Selbstüberprüfung [...]" (Briegleb, http://www.schlingensief.com/bio_goethe.php).

> „Nach einem Schlingensief dürfen wir uns alle über unsere eigenen Erfahrungen austauschen und von uns selber sprechen. Seine Inszenierungen sind immer auch

> Trainingsprogramme in Selbstbeobachtung und Verhaltensforschung.“ (Umathum, in: Theater der Zeit, Oktober 2000: 38)

Schlingensief trifft mit seinen Darbietungen bei den Menschen Punkte, „[...] über die sie sich wahnsinnig aufregen müssen, weil etwas in ihnen berührt wurde [...]“ (Löwe, in: Anthroposophie heute, Mai 2003: o.S.).
Auch Boal trifft mit seinem Theater auf solche Punkte, denn er spricht Themen der vorherrschenden Unterdrückung an. In Verwendung seiner verschiedenen Methoden des Theaters der Unterdrückten setzt er sich mit diesen Themen auseinander und fordert zu Handlung, Reflexion und Aktivität auf.

> „Das Ziel des Theaters der Unterdrückten ist nicht Ruhe und Ausgeglichenheit, sondern ein Ungleichgewicht, das den Weg für eine Handlung vorbereitet. Sein Ziel ist die Dynamisierung. Diese Dynamisierung und Handlung, die daraus resultiert (von einem Zuschauspieler im Namen aller in Gang gebracht) zerstört alle Blockaden, die ein ähnliches Handeln (im Alltag) verhinderten.“ (Boal, 1999: 72)

In dieser Zielformulierung Boals für sein Theater steckt eine weitere Eigenschaft, die seine Auszeichnung als Rebellen in der vorgestellten Weise rechtfertigt und bekräftigt. Boal sowie Schlingensief gelingt es mit ihrer Theaterarbeit konkret auf die herrschenden Verhältnisse anzuspielen und damit einen Bezug zum Alltagsgeschehen der Menschen herzustellen. Ihr Theater zeichnet sich durch Aktualität, Brisanz und Wirklichkeitsbezug aus. Mit ihrer Herangehensweise machen sie das Theater wieder alltagstauglich und schaffen es, durch die Abhandlung problematischer und aktueller Thematiken auf die Rezipienten nachhaltig zu wirken.

> „Im Jahre 40 nach Brecht und zwei vor der Jahrtausendwende, mitten in der schönsten Postmoderne, hat Christoph Schlingensief allen gezeigt, dass Theater und Welt keine Paralleluniversen sind.“ (Kühl, in: taz 25./26.10.97: o.S.)

Boal verankert den für ihn essentiellen Gegenwartsbezug seiner Arbeit in den Grundsätzen des Theaters der Unterdrückten.

> „Das Theater der Unterdrückten geht von zwei Grundsätzen aus: Der Zuschauer, passives Wesen, Objekt, soll zum Protagonisten der Handlung, zum Subjekt werden. Das Theater soll sich nicht nur mit der Vergangenheit beschäftigen, sondern ebenso mit der Zukunft.“ (Boal, 1989: 68)

Er sorgt somit dafür, dass das Theaterereignis nicht einfach in distanziertem und passivem Zustand erlebt und die Thematik auf ein abendliches Amüsement beschränkt wird, welches die Lebenswelt der Zuschauer nicht berührt. Stattdessen fordert er sein Publikum mit alltäglichen Unterdrückungsmechanismen heraus, die in der Regel auf einen allgemeinen Konsens stoßen und dadurch viele Betroffene in direkter Weise ansprechen. Für seine Vorgehensweise liefert Boal eine anschauliche Beschreibung.

> „Bei einem Setting des Theaters der Unterdrückten gibt es keine Zuschauer, sondern nur aktiv eingreifende Beobachter. Diese nennen wir Zu-Schauspieler (spect-actors). Der Hauptakzent des Spiels zielt auf das Auditorium und nicht auf die Bühne. Dabei sollten die Ausgangsbilder oder Einstiegsszenen so gestaltet sein, dass sie in den Zuschauern einen Widerhall hervorrufen können." (Boal, 1999: 47)

Ohne dies ausdrücklich zu äußern oder schriftlich zu fixieren, arbeitet Schlingensief oftmals mit einer sehr ähnlichen Vorgehensweise. Mit seiner beschriebenen Aktion 'Bitte liebt Österreich! – Erste Österreichische Koalitionswoche' gelingt es ihm die Kernpunkte Boals Theatertheorie – Aktivierung der Zuschauer und Beschäftigung mit der Gegenwart – zu erfüllen.
Neben den aufgeführten Aspekten gründet sich die These – Boal und Schlingensief als Rebellen in der Theaterlandschaft auszuweisen – vornehmlich darauf, dass sich die beiden Theatermacher in dem für sie weitläufig abgesteckten Genre gegen die herrschenden Konventionen stellen und nach neuen Darstellungsmöglichkeiten für ihre Form der Theaterarbeit suchen. Beide bringen – wohl bemerkt auf unterschiedliche Weise – ihre Theaterideen beispielsweise aktiv in die Politik ein und sprengen mit ihrer Arbeitsweise den Theaterrahmen im klassischen Sinne.

> „Im Moment redet jeder über Staatstheater, aber interessant ist doch, was wir an der Volksbühne bereits vor vier Jahren bei der letzten Wahl mit „Chance 2000" durchgespielt haben. Diese Gedankenbrücke ist wohl zu schwer. Genauso versuche ich seitdem, weitere Transportmittel für Theater zu finden, die dann nach der Aufführung auch im Außenbereich die Inszenierung vorantreiben." (Schlingensief, in: Theater der Zeit, Oktober 2002: 11)

Überzeugt von den vielfältigen Möglichkeiten des Theaters wirkt die Arbeit von Boal und Schlingensief wie eine Befreiung aus den Einschränkungen und von den Regeln des vorherrschenden Kunstbetriebes. Mit Experimentierfreudigkeit und Phantasie entstehen unter ihnen neue Felder für die Theaterarbeit. Bei Boal sind diese unter anderem im Bereich der Theaterpädagogik anzusiedeln. Schlingensiefs Aktionen sind im Gegensatz dazu oft nicht klar einzuordnen.

> „[Schlingensief] will zum Duell mit sich selbst auffordern, das Theater lüften und die Freiheit der Kunst definieren.“ (Franz, in: Kurier 02.06.2000: 31)

Zur weiteren Veranschaulichung der rebellischen Vorgehensweise Augusto Boals und Christoph Schlingensiefs folgt im Anschluss eine differenzierte Darstellung der Gemeinsamkeiten und Unterschiede der beiden Arbeitsweisen.

4.2 Ein Vergleich der Arbeitsansätze von Boal und Schlingensief

Auch wenn es zunächst den Anschein hat, dass die Arbeitsansätze von Boal und Schlingensief kaum miteinander vergleichbar wären, da sie aus gänzlich unterschiedlichen Kontexten heraus entstanden sind, gibt es doch erstaunlich viele Parallelen und Gemeinsamkeiten. Diese tragen zur Bestätigung der vorgestellten These weiter bei.

4.2.1 Die Gemeinsamkeiten

Als erste Gemeinsamkeit der Arbeiten Christoph Schlingensiefs und Augusto Boals ist die ihnen zugrunde liegende Auflehnung gegen gesellschaftliche Verhältnisse zu nennen. Beide machen auf unterschiedliche Weise in ihrer Arbeit auf die landeseigenen sozialen und politischen Zustände aufmerksam, brechen Tabus und üben damit greifbare Gesellschaftskritik. Boal, der in seine Theaterarbeit auch eine pädagogische und therapeutische Dimension einbezieht, möchte sich in seinem Theater mit Situationen auseinandersetzen, die sich aus kranken Gesellschaften ergeben (vgl. Boal, in: Theater heute, Dezember 1978: 51). Sein Theaterzentrum in Paris widmet sich demnach „[...] Erziehungs- und Autoritätsbeschädigte[n] [...]“ (ebd.). „[D]as sind 99% der Bevölkerung in jedem Land“ (ebd.). In Anlehnung an Paulo Freire (vgl. Kap 2.3.2) möchte Boal einen Bewusstseinsprozess anregen, „[...] der nötig ist, um soziale, politische und wirtschaftliche Widersprüche zu begreifen [...]" (Freire, 1973: 25, Fußnote 1). Auch Schlingensief möchte mit seiner Arbeit ein Bewusstsein für ebensolche Verhältnisse schaffen.

> „Ich will ja nicht, dass sich die Erde anders herum dreht oder dass sich die Kontinente anders anordnen, ich will ja nur einen Bewusstseinsprozess in Gang halten, der Bewusstsein dafür schafft: das kann doch nicht wahr sein, was ich da sehe, ich kann doch nicht glauben, dass das so sein soll." (Schlingensief, in: Anthroposophie heute, Mai 2003: o.S.)

Sowohl Boal als auch Schlingensief fordern von ihren Rezipienten einen kritischen Blick, ebenso wie mit offenen Augen durchs Leben zu schreiten und sich vor Konflikten nicht zu verschließen. In ihrer Gesellschaftskritik sprechen beide die Instrumentalisierungs- und Manipulationsmechanismen an, die zur Unterdrückung und Beugsamkeit der Bevölkerung eingesetzt werden und versuchen mit ihrer Arbeit einen Gegenpol zu errichten.
Schlingensief gründet beispielsweise die 'Church of Fear', deren „[...] einziges Gebot lautet: »Habt Angst!« [...]" (Schlingensief, in: Anthroposophie heute, Mai 2003: o.S.). Die Aktion stellt:

> „[...]»[d]em Glaubenmachen der politischen Sektierer, Fernsehpfarrer und Weltverschwörungstheoretiker [...] einen grundlegenden Verdacht gegenüber: den Verdacht der Instrumentalisierung von Schwäche und Schmerz, von Frustration und Hysterie – der Verwertmachung von Angst«, so Schlingensief [...]." (ebd.)

Boal thematisiert die verschiedenen Unterdrückungsmechanismen zumeist in Forumtheaterszenen oder spielt sie in Form des Unsichtbaren Theaters real durch.

> „In Rennes zum Beispiel. Wir spielten auf offener Straße die Vergewaltigung einer jungen Frau. Die Vergewaltigung fand nicht wirklich statt, wir simulierten sie. Aber sie findet oft statt, sie ist für viele Frauen in Frankreich ein Problem. Also, die Vergewaltigung hat real woanders stattgefunden, und wird vielleicht noch oft stattfinden." (Boal, in: Theater heute, Dezember 1978: 50)

Die Verwendung der Methode des Unsichtbaren Theaters (vgl. Kap 2.4.4) stellt eine weitere Gemeinsamkeit bei der Arbeit Augusto Boals und Christoph

Schlingensiefs dar. Mit 'Passion Impossible – 7 Tage Notruf für Deutschland – Eine Bahnhofsmission' setzt Schlingensief die Methode im Jahre 1997 in Hamburg ein.

> „Täglich zogen Schlingensief und Gefolgschaft in Polizeiuniformen durch die Hamburger Innenstadt, um in absurd plärrig erweiterter Tradition des Unsichtbaren Theaters die Grenze zwischen Theater und Leben aufzuweichen." (Kühl, in: taz 25./26.10.97: o.S.)

Die Öffnung des konventionellen Theaterbetriebs ist eine Grundforderung sowohl Schlingensiefs als auch Boals. Beide streben eine interdisziplinäre Ausrichtung des Mediums an, welche Raum für Experimente und Neues ermöglicht. Boal integriert pädagogische und therapeutische Ansätze in seiner Theaterarbeit und schafft neue Felder für den Einsatz seines Theaters der Unterdrückten. Schlingensief verbindet in seinen Inszenierungen mehrere Medien, lässt diese ineinander fließen und in Kombination auftreten.

> „Ich will, dass man dankbar ist, wenn man flächen benutzen darf, die sogar von anderen ganz offiziell beobachtet werden. [...] und da war das theater genau die fläche, die mich im kopf auf neue wege gebracht hat. Sicher hätten sich auch einige leute etwas ruhiger aufführen können, wenn ich da nicht gelandet wäre, aber alleine die tatsache, dass ich bereit 1993 an der volksbühne den einsatz von film, video und sogar LIVE-übertragung eingeführt habe, ist theatergeschichtlich nicht mehr zu verleugnen" (http://www.schlingenblog.posterous.com/?page=3)

Ein weiteres wesentliches Anliegen beider Theatermacher ist die Schaffung eines wirklichkeitsnahen Theaters. Boals Parole dazu lautet: „Schluß mit einem Theater, das die Realität nur interpretiert; es ist an der Zeit, sie zu verändern" (Boal, 1989: 68). Nach seiner Auffassung soll das Theater zu einem Ort werden, „[...] wo Zukunft, Realität, Befreiung geprobt werden [...]" (ebd.: 98). Entsprechend richtet er die Formen und Methoden seiner Theaterarbeit aus. Mit dem Legislativen Theater gelangt er damit bis in die stadtpolitischen Sphären Rio de Janeiros.

Auch Schlingensiefs Arbeit hat einen Auftritt auf der politischen Bühne zu verzeichnen. Mit seiner Partei 'Chance 2000' mischt er im Wahlkampf 1998 mit und erzeugt die für Schlingensief üblichen Irritationen. Hierbei bringt er seine Politikverdrossenheit zum Ausdruck und spiegelt mit einem Parteiprogramm, welches grundsätzlich keinerlei Versprechen erfüllt, die Realität auf der politischen Showbühne wider. Seine Idee und seine Gedanken dabei formuliert er wie folgt:

> „Wann spielt Theater endlich nicht mehr vor? Wann spielt Theater endlich durch? Ob es noch Grenzen gibt zwischen Wahrheit und Spiel, und wo diese Grenzen gegebenenfalls liegen, ist nicht mehr sein Problem. Nicht anders springen die mit uns um, die Politainer heißen. Bedienen sich diese der Mittel des Theaters, dann bedient sich das Theater der Mittel der Politik. Es gibt nur mehr Divergenzen zwischen politischen Inhalten und denen, die solche Inhalte zur Plattitüde umtexten. Wer übernimmt da noch Verantwortung für das, was er sagt, wenn alles, aber auch wirklich alles reine Auslegungssache ist? [...] Theater ist Politik ist Theater." (Schlingensief, in: Theater heute, Januar 2003: o.S.)

Die Verantwortung für das eigene Tun und die kritische Auseinandersetzung mit sich selbst und seinem Umfeld fordern und fördern Boal und Schlingensief gleichermaßen in ihrer Arbeit. Beide lassen ihren Zuschauern eine besondere Rolle zukommen, die jeweils zum aktiven Handeln inspiriert (vgl. Kap 2.4.2, Kap 3.3.2).

In diesem Bemühen entwickelt Boal ein Vier-Phasen-Modell, welches den Zuschauer zum aktiv Handelnden machen soll (vgl. Kap 2.4.2). Über die Phasen bietet Boal mit Übungen, Improvisationen und der Methodik seines Theaters der Unterdrückten ein umfangreiches Spektrum für den Prozess der Zuschaueraktivierung an.

Schlingensief steht dem, obwohl er keine speziellen Methoden oder Übungen dazu entwickelt, in nichts nach. Schlingensiefs Absichten, die er bewusst nicht offen zur Sprache bringt, gehen allein von seinen Werken aus. Diese implizieren ein ähnliches Basismodell zur Aktivierung der Zuschauer wie die Methoden von Boal.

> „Als Talkmaster, Parteivorsitzender, Zeremonienmeister oder Autor führt er uns ein elementarstes Theorem vor: Es gilt ‚System 1" („Zuschauen") zu überwinden, um bei „System 3" („Machen") anzukommen; „System 2" („Können") darf dabei getrost übersprungen werden." (Umathum, in: Theater der Zeit, 2003: 144)

In der Herangehensweise Christoph Schlingensiefs und Augusto Boals bezüglich der Aktivierung der Zuschauer lässt sich demnach ein deutlicher Unterschied feststellen, der in der eigenen Auffassung ihres Künstlerdaseins begründet liegt und der zusammen mit weiteren Unterschieden im Folgenden erläutert wird.

4.2.2 Die Unterschiede

Boal begreift sich neben seiner Künstler- und Politikertätigkeit vornehmlich als Pädagoge. In seiner Theaterarbeit entwickelt er Handlungsmodelle für die Zukunft. Er möchte seine Zuschauer mit Hilfe der entstandenen Methoden des Theaters der Unterdrückten dazu befähigen, sich ihrer Situation bewusst zu werden und über die Möglichkeit zu deren Veränderung aufklären. In der Internationalen Organisation des Theaters der Unterdrückten unter der Präsidentschaft Boals heißt es dazu:

> „Das Theater der Unterdrückten versucht Menschen in einem humanistischen Bestreben zu aktivieren, dessen Wesen durch seinen Namen ausgedrückt wird: Theater der, von und für die Unterdrückten. Es ist ein System, das den daran mitwirkenden Menschen Handlungen als Protagonisten innerhalb der Fiktion des Theaters ermöglicht, damit sie handelnde Subjekte ihres eigenen Lebens werden können." (ITO, 2004: 68)

Die Veränderbarkeit der Welt allgemein und der Situationen, in denen Unterdrückung stattfindet, liegt dem pädagogischen Ansatz der Theaterarbeit Boals zugrunde. Augusto Boal fasst das Theater der Unterdrückten als „[...] eine weltweite, gewaltlose und ästhetische Bewegung, die sich für einen Frieden ohne Passivität einsetzt [...]" (ebd.) auf.

> „Wir zeigen eine Weltsicht und die Zuschauer setzen ihre dagegen. So stelle ich mir Theater vor. Magier und Pädagoge in einem – zunächst mit Magie verzaubern und dann ihre Tricks enthüllen –: so stelle ich mir den revolutionären Künstler vor. Kunst machen und dem Zuschauer zeigen, wie man sie macht, damit sie in der Tat allen gehört." (Boal, 1989: 98)

Mit dieser Position stellt sich Augusto Boal als Theatermacher – im Unterschied zu Schlingensief – klar in den Dienst der Pädagogik.

Christoph Schlingensief entfernt sich von pädagogischen Absichten in seiner künstlerischen Tätigkeit. Er lehnt grundsätzlich eindeutige Erklärungen und Botschaften ab. Im Unterschied zu Boal finden sich bei den Arbeiten von

Schlingensief keine Lösungsstrategien wieder. Vielmehr steht das Leitmotiv „Traue keinen Gewissheiten!" (Briegleb, http://www.schlingensief.com/bio_goe the.php) im Vordergrund seines Schaffens.

> „Schlingensiefs Lösungen, Meinungen und Entschuldigungen scheinen keine Lösungen, Meinungen und Entschuldigungen parat zu haben. Er sagt: "Es gibt keine klare Botschaft. Wer das für sich in Anspruch nimmt, der lügt." Den Zwang zum Funktionieren ersetzt er durch den Hang zum Experiment." (Löhndorf, in: Kunstforum Oktober 1998, Band 142: 94ff.)

Schlingensiefs Vermittlungsmethode besteht darin, Missverständnisse und Irritationen zu wecken, über die eine Auseinandersetzung mit der vorgeführten Thematik ausgelöst werden kann. Soziale und politische Missstände greift er in seinen provokanten Arbeiten ohne zu zögern auf.

> „Ich bewundere, wie unglaublich schnell er im Reagieren ist. Daß er den Herrschenden die Zustände wie eine Torte ins Gesicht zurückschmeißt" (Jelinek zit. n. Miessgang, in: Die Zeit 29.06.2000: o.S.)

Er benutzt die Gegebenheiten, Realitäten, Vertrautheiten und Vergangenheiten, um sie auf den Prüfstand zu stellen, zu hinterfragen, eventuell abzunutzen oder zu legitimieren. Dabei spiegelt Schlingensief die bestehenden Verhältnisse in einer Weise wider, die Verwirrung und Orientierungslosigkeit hervorruft.
Boals Vorgehensweise und Methoden dagegen – mit Ausnahme des Unsichtbaren Theaters – gehen in direkter Weise auf die zu behandelnde Problematik ein und thematisieren diese. Bei Boal wird dem Zuschauer verständlich gemacht, was der Kernpunkt seiner Arbeit ist; nicht zuletzt auch durch die Hinweise, Erklärungen, Dokumentationen, literarischen Werke, die er dazu liefert. Aus der Grundsatzerklärung der internationalen Organisation des Theaters der Unterdrückten stammt beispielsweise folgende Anmerkung:

> „Es ist ein Werkzeug zur Veränderung von Umständen, die Unglück und Schmerzen produzieren, und es soll Frieden befördern. Es ist ein Instrument, das die Anerkennung der Unterschiede zwischen den Individuen und Gruppen fördert und alle Menschen in den Dialog einbeziehen will." (ITO, 2004: 68)

Die Vision seines Theaters der Unterdrückten möchte Boal in aller Welt zu Hause wissen und jedem Menschen die Möglichkeiten seiner Theaterformen vor

Augen führen und zugänglich machen. Deshalb bilden sich im Laufe der Jahre viele Multiplikatoren, die für die Verbreitung des Theaters der Unterdrückten sorgen.

> „Die ITO erreicht dies, indem sie die Praktiker/innen des Theaters der Unterdrückten durch ein weltweites Netzwerk verbindet und damit den Austausch und die Entwicklung unterstützt, indem sie die Fortbildung und Verbreitung der bestehenden Techniken fördert und Projekte auf Weltebene konzipiert. Des Weiteren ist sie aktiv bei der Gründung lokaler Zentren für das Theater der Unterdrückten (engl. Abkürz. CTO) und reflektiert und fördert die Bedingungen der Arbeit der CTOs und der Praktiker/innen vor Ort und stellt ihnen einen virtuellen internationalen Treffpunkt zur Verfügung." (ITO, 2004: 69)

Neben dieser differenten Auffassung der beiden Theatermacher bezüglich der Pädagogik kann ein weiterer Unterschied in der Loslösung der eigenen Person vom Schaffenswerk konstituiert werden.

Boals Arbeitsansatz ist darauf ausgelegt, möglichst viele Rezipienten zu erreichen und die entwickelten Methoden des Theaters der Unterdrückten zu verbreiten. Boal konzipiert die Theaterformen und entwickelt sie stets weiter, auch dahingehend, dass sie letztlich im therapeutischen sowie politischen Bereich Anwendung finden. Er selbst tritt dabei als Initiator auf. Im Rahmen von Workshops und Präsentationen gibt Boal den Impuls zur selbstständigen Anwendung und Weitergabe seines Theaterkonzeptes. Er befähigt andere an seiner Stelle im Sinne des Theaters der Unterdrückten zu agieren, übernimmt eine Modellfunktion und lässt somit sein Schaffenswerk unabhängig von seiner Person weiter existieren. Er beansprucht es nicht als sein alleiniges Werk, das nur durch ihn an andere weitergegeben werden kann und ermöglicht damit die weltweite Verbreitung seiner Methodik des Theaters der Unterdrückten.

Anders ist der Arbeitsansatz bei Christoph Schlingensief, der sehr eng mit seinen Werken verbunden ist und die ohne seine Person oftmals nicht funktionieren würden.

> „In seinen Bühnenproduktionen tritt er [...] selbst auf, inmitten seiner teils lang etablierten Truppe von Schauspielern und zum Teil behinderten Laiendarstellern. Seine Inszenierungen haben nun den Mittelpunkt, der in seinen Filmen trotz aller Kraftakte unsichtbar blieb: ihn selbst." (Löhndorf, in: Kunstforum Oktober 1998, Band 142: 94ff.)

Christoph Schlingensief ist demnach als Person ein unverzichtbarer Bestandteil seiner Kunst. Er führt als Schauspieler, Moderator, Animateur und Dramaturg die einzelnen Elemente zusammen, zeigt die von ihm vorgesehenen Reaktionen, bietet sich selbst als Angriffsfläche an und übernimmt für sein Kunstgeschehen die Verantwortung.

> „Chaos und Widersprüche seiner Inszenierungen bündeln sich in seiner (Bühnen) Figur und verlieren damit Beliebigkeit. Sie haben jetzt ein Gesicht, eine Gestalt, die Aura von einem, der für das, was er auf der Bühne tut, "Vollhaftbarkeit" reklamiert. [...] er stellt sich, selbst jederzeit angreifbar und im ständigen Dialog mit dem Publikum, der Angreifbarkeit, die jede seiner Produktionen allein durch das Nichterschlossene ihrer Form in besonderer Weise besitzt." (ebd.)

In seiner Person sind alle essentiellen Faktoren, die für seine spezielle Theaterarbeit benötigt werden, vereinigt. Die Wirkweise seiner theatralischen Arbeit ist daher untrennbar an seine Person gebunden und kann nicht wie bei Boal durch Multiplikatoren ersetzt werden.

> „"Das Kunstwerk strahlt dann am meisten, wenn es sehr verwandt ist mit der Person des Künstlers," sagt er. Das sei ihm erst spät klar geworden." (ebd.)

Trotz der Einverleibung seiner Theaterformen „[...] erhebt er sich in keiner Minute über sein Publikum [...] völlige Anwesenheit bei sich selbst erlaubt ihm völlige Abwesenheit von Arroganz und elfenbeinturmhohen Eitelkeiten." (ebd.)
Dieser enorme Einsatz Augusto Boals als auch Christoph Schlingensiefs – in der aufgeführten unterschiedlichen und gemeinsamen Weise – sich für ihre Theateridee stark zu machen, zeichnet sie umso mehr als Rebellen in der Theaterlandschaft aus.
Mit einem abschließenden Kommentar zu der aufgeführten Darstellung Augusto Boals und Christoph Schlingensiefs sowie dessen Bedeutung für die Kulturpädagogik findet die vorliegende Studie ihr Ende.

5. Schlussbemerkung

Augusto Boal und Christoph Schlingensief als Rebellen in der Theaterlandschaft auszuweisen hat sich in den vorangegangenen Ausführungen bekräftigt und Bestätigung gefunden. Die dargestellte Herangehensweise in ihrer Arbeit, mit der sie über das Medium Theater Prozesse in Gang setzen und verschiedene Perspektiven vorführen sowie Gegebenheiten hinterfragen und sich gegen Normen widersetzen, ist auch für die kulturpädagogische Praxis von Bedeutung. Diese Vorgehensweise leistet einen wichtigen Beitrag für mögliche Handlungskonzepte in der kulturpädagogischen Arbeit.

Die künstlerische Arbeit Augusto Boals und Christoph Schlingensiefs stellt eine wirkungsvolle und innovative Möglichkeit dar, auf Missstände aufmerksam zu machen und entsprechende Reaktionen hervorzurufen. Im Sinne der Kulturpädagogik werden die Menschen durch die Vorgehensweise Boals und Schlingensiefs auf verschiedenste Weise zum eigenverantwortlichen Handeln und aktiven Tun herausgefordert. Die Schulung der Wahrnehmung und die Bewusstmachung der eigenen Person und der eigenen Lebenswelt sind dabei positive Begleiterscheinungen, die für den Prozess der Aktivierung unentbehrlich sind. Wahrnehmungsgewohnheiten können aufgebrochen und ein Perspektivenwechsel für die Vergegenwärtigung und Ausdifferenzierung der gesellschaftlichen Begebenheiten kann eingeleitet werden.

Die besondere Rolle der Zuschauer bei Schlingensief und Boal regt diesen Vorgang an. Mit einem emanzipatorischen und dialogischen Prinzip arbeiten beide Theatermacher an der Ausweitung der Partizipationsmöglichkeiten der Menschen im Bereich Theater und Politik. Im offenen Prozess des Forumtheaters bei Augusto Boal und mit den nicht geschlossenen Formen in den Inszenierungen Christoph Schlingensiefs regen beide die Kreativität der einzelnen Zuschauer an und eröffnen ein Spielfeld für Experimente und Improvisationen.

Dabei erfährt in beiden Handlungsweisen die Gruppenerfahrung einen enormen Stellenwert. Schlingensief tritt mit seinem festen Ensemble, bestehend aus Schauspielern und behinderten Laiendarstellern, auch für eine Auseinandersetzung mit dem Fremden ein, was die Kulturpädagogik nur befürworten kann. „[...] Behinderte interessieren ihn, weil sie eigentlich in unserem Gesellschafts-

system nicht vorgesehen sind" (Löhndorf, in: Kunstforum Oktober 1998, Band 142: 94ff.) ebenso wie Erwerbslose.
Die Sonderstellung des Künstlers heben Schlingensief und Boal in ihrer Arbeit auf. Sie gestehen jedem Menschen seine eigenen künstlerischen Fähigkeiten zu und treten für eine „Kunst aus der Form des Nichtkönnens" (Schlingensief, o.A.) ein. Der Impuls zur eigenen künstlerischen Auseinandersetzung und zur Selbsttätigkeit kann dadurch vermittelt werden.
Ebenso berücksichtigt die Theaterkonzeption Augusto Boals und die Arbeitsweise Christoph Schlingensiefs ein weiteres, wesentliches Anliegen der Kulturpädagogik – jenes, die Kunst allen Menschen zugänglich zu machen. Mit dem Anspruch „Jedem Menschen seine Oper" (http://www.festspielhaus-afrika.com/weblog/?page_id= 23) und 'Lernen von Afrika' realisiert Schlingensief sein aktuelles Projekt 'Festspielhaus Afrika' in Burkina Faso. Auf ganzheitliche Weise mit langfristiger und nachhaltiger Wechselwirkung impliziert Schlingensief in seinem Vorhaben einen wichtigen Faktor kulturpädagogischer Arbeitsauffassung – im dialogischen Miteinander die Kunst den Menschen ohne Vorbehalte, Bevormundung, Berührungsängste und Selektion zugänglich zu machen und einen gegenseitigen Lernprozess anzuregen. Das Theater der Unterdrückten von Boal agiert in ebensolcher Weise.
Die Anforderungen für einen emanzipatorischen Austausch und die Gleichstellung aller Beteiligten setzen Boal und Schlingensief in ihren individuellen künstlerischen Konzepten um und greifen somit in ihrer Theaterform eine wichtige Voraussetzung für die kulturpädagogische Praxis auf. Eine Begegnung zwischen Menschen, die auf Respekt und Gleichberechtigung basiert, gilt es im Sinne der Kulturpädagogik zu fördern und zu stärken. Kooperationen zwischen kulturellen und/oder pädagogischen Einrichtungen über internationale Grenzen hinweg bieten unter kulturpädagogischen Gesichtspunkten gute Gelegenheiten, neue Perspektiven zu entwickeln, die Auseinandersetzung mit Selbst- und Fremdbildern anzuregen sowie die eigene Lebenswirklichkeit kritisch zu betrachten und sich selbst neu zu erfahren. Beide Theatermacher liefern aufgrund ihrer internationalen Tätigkeit diese Möglichkeit und initiieren – Schlingensief durch sein Projekt 'Festspielhaus Afrika', Boal durch die weltweite Ausrichtung seines Theater der Unterdrückten – entsprechende Erfahrungsräume.
Die behandelten Thematiken in der Theaterarbeit Christoph Schlingensiefs und Augusto Boals geben Anlass zu Diskussion und Vertiefung, werfen Fragen auf

und regen zum Überdenken gesellschaftlicher Begebenheiten an.
Für die kulturelle Praxis weisen ihre unterschiedlichen Arbeitsformen jeweils Modellcharakter auf.
Als Methode des sozialen Wandels (vgl. 2.2.3) übt Boals Theater der Unterdrückten wichtige Funktionen wie die Befähigung zur Selbstwirksamkeit, die Überwindung von Unterdrückungs- und Abhängigkeitsverhältnissen sowie die Schaffung eines selbstbestimmten Lebensentwurfes aus. Kritisch zu bemerken ist dabei der Umstand, dass die Vermittlung der Theatermethode durch Workshops, Seminare und Theaterkurse Menschen anspricht, die bereits ein Interesse und die Bereitschaft zur Auseinandersetzung mit dem Theater der Unterdrückten und den behandelnden Thematiken mitbringen. Boal unkundige Menschen dagegen werden mit dieser Vermittlungsform weniger angesprochen.
Christoph Schlingensief bietet mit seiner Vorgehensweise dagegen ein Modell, bei dem sich der Künstler selbst dem geforderten Prozess aussetzt und diesen durchlebt. Anstatt die Aufforderung – aktiv zu werden und Engagement zu entwickeln – vornehmlich an andere zu richten, stellt er sich selbst in seiner Arbeit dieser Aufgabe. Mit der Auffassung „[...] wir sind zwar nicht gut, aber wir sind da [...]“ (Schlingensief in: Lochte, Schulz, 1998: 35) spiegelt die Theatergruppe um Schlingensief die Unmöglichkeiten der Welt wider und löst auf diese Weise Reaktionen und Befindlichkeiten der Zuschauer aus. „So lasse ich etwas geschehen, überfordere mich permanent und fordere alle auf, dasselbe zu tun, weil dann neue Kräfte entstehen können.“ (ebd.: 20) Schlingensief überfällt buchstäblich die Menschen mit seinen grenzenlosen Ideen und seinen ausdrucksstarken Bildern. Der Aspekt, dass Schlingensief – ohne Botschaften zu verkünden – arbeitet, ist kennzeichnend für seine Theaterform; beinhaltet aber auch die Gefahr, missverstanden zu werden. Seine Arbeit kann demnach neue Kräfte im Menschen hervorrufen, aber auch eine Totalverweigerung auslösen, welche dann lediglich destruktive Auswirkungen hätte und damit nicht im Sinne einer kulturpädagogischen Arbeitsweise stehen würde. Dies stellt einen wesentlichen Kritikpunkt aus Sicht der Kulturpädagogik dar.

Abschließend ist festzuhalten, dass Christoph Schlingensief und Augusto Boal mit ihren rebellischen Theaterformen Möglichkeiten entwickelt haben, politische und soziale Missstände aufzuzeigen und ihnen entgegenzuwirken. In ihrem Künstlerdasein setzen sie sich mit großem Engagement dafür ein und plädieren

mit ihren Theatermethoden für eine Öffnung und Ausweitung des abgegrenzten konventionellen Theaterbetriebs. Dies zeichnet die beiden als innovative und inspirierende Künstler aus.
Die Öffnung dieser Schranken gilt es im Sinne der Kulturpädagogik voranzutreiben und neue inspirierende und nachhaltig wirkende Theaterformen zu kreieren. Dabei kommt den zwei Rebellen Christoph Schlingensief und Augusto Boal in der Theaterlandschaft eine Vorbildfunktion zu.
Man darf gespannt auf weitere Entwicklungen im Theaterbereich hoffen, die auf den Ansätzen von Christoph Schlingensief und Augusto Boal basieren.

> „Man hält sich selbst am Leben, indem man sich Zielvorstellungen gibt, die einen permanent überfordern, die etwas von Größenwahn an sich haben. Anmaßendes, total anmaßendes Verhalten hält einen am Laufen, lässt einen immer wieder von neuem behaupten: Jetzt geht's los, jetzt wird alles anders. Natürlich ist das irrwitzig, und du weißt nie, ob du dem überhaupt gewachsen bist. Doch exakt an diesem Punkt ist ein System angreifbar. Tom Peters sagt, verrückte Zeiten brauchen verrückte Ideen, oder chaotische Zeiten brauchen chaotische Ideen. Genau davor hat das bestehende System Angst, dass einer eine Idee äußert, die eigentlich abstrus ist.“ (ebd.: 38)

Mit diesem Gedanken findet die Studie ihr Ende.

6. Quellenangaben

Literatur

Abou-Esber, Ali (1995): Theorie und Praxis politischen Theaters im Spätwerk Bertolt Brechts. Frankfurt am Main, Berlin, Bern, New York, Paris, Wien

Adler, Heidrun (1982): Politisches Theater in Lateinamerika. Von der Mythologie über die Mission zur kollektiven Identität. Berlin

Adler, Heidrun (Hrsg.) (1991): Theater in Lateinamerika. Ein Handbuch. Berlin

Autonome A.F.R.I.K.A-Gruppe/Blissett, Luther/**Brünzels**, Sonja (2001): Handbuch der Kommunikationsguerilla. Guerilla plus C. Berlin, Hamburg, Göttingen

Axter, Melanie (2001): Das Theater der Unterdrückten Augusto Boals und seine Präsentation in der Gegenwart. Stuttgart

Baumann, Till (2001): Von der Politisierung des Theaters zur Theatralisierung der Politik. Theater der Unterdrückten im Rio de Janeiro der 90er Jahre. Stuttgart

Bidlo, Tanja (2006): Theaterpädagogik. Einführung. Essen

Boal, Augusto (1989): Theater der Unterdrückten. Übungen und Spiele für Schauspieler und Nicht-Schauspieler. Frankfurt am Main

Boal, Augusto (1999): Der Regenbogen der Wünsche. Methoden aus Theater und Therapie. Seelze (Velber)

Brauneck, Manfred (1982): Theater im 20. Jahrhundert. Programmschriften, Stilperioden, Reformmodelle. Hamburg. S. 245-346

Brauneck, Manfred/ **Schneilin**, Gérard (Hrsg.) (1986): Theaterlexikon 1. Begriffe und Epochen, Bühnen und Ensembles. Reinbek bei Hamburg

Brauneck, Manfred/ **Beck**, Wolfgang (Hrsg.) (2007): Theaterlexikon 2. Schauspieler und Regisseure, Bühnenleiter, Dramaturgen und Bühnenbildner. Reinbek bei Hamburg

Bürger, Peter (1974): Theorie der Avantgarde. Frankfurt am Main

Ehlert, Dietmar (1986): Theaterpädagogik. Lese- und Arbeitsbuch für Spielleiter und Laienspielgruppen. München

Elger, Dietmar (2004): Dadaismus. Köln

Feldhendler, Daniel (1987): Psychodrama und Theater der Unterdrückten. Frankfurt am Main

Fischer-Lichte, Erika (2005): Politisches Theater. In: E. Fischer-Lichte, D. Kolesch, M. Warstat (Hrsg.): Metzler Lexikon Theatertheorie. Stuttgart, Weimar

Fischer-Lichte, Erika /**Kolesch**, Doris /**Warstat**, Matthias (Hrsg.) (2005): Metzler Lexikon Theatertheorie. Stuttgart

Freire, Paulo (1973): Pädagogik der Unterdrückten. Bildung als Praxis der Freiheit. Reinbek bei Hamburg

Franzbach, Martin /**Beck**, Wolfgang (1986): Theater der Unterdrückten. In: M.Brauneck, G. Schneilin (Hrsg.): Theaterlexikon 1. Begriffe und Epochen, Bühnen und Ensembles. Reinbek bei Hamburg

Gefert, Christian (2007): Schlingensief, Christoph. In: M. Brauneck, W. Beck (Hrsg.): Theaterlexikon 2. Schauspieler und Regisseure, Bühnenleiter, Dramaturgen und Bühnenbildner. Reinbek bei Hamburg

Haas, Birgit (Hrsg.) (2005): Macht. Performativität, Performanz und Politthea-ter seit 1990. Würzburg

Haug, Thomas (2005): ‚Das spielt (k)eine Rolle!'. Theater der Befreiung nach Augusto Boal als Empowerment-Werkzeug im Kontext von Selbsthilfe. Stutt-gart

Hecht, Werner (1986): Der Weg zum epischen Theater. In: W. Hecht (Hrsg.): Brechts Theorie des Theaters. Frankfurt am Main

Hecht, Werner (Hrsg.) (1986): Brechts Theorie des Theaters. Frankfurt am Main

Hentschel, Ingrid /**Hoffmann**, Klaus /**Vaßen**, Florian (Hrsg.) (1997): Brecht & Stanislawski und die Folgen. Berlin

Hentschel, Ulrike (1996): Theaterspielen als ästhetische Bildung. Über einen Beitrag produktiven künstlerischen Gestaltens zur Selbstbildung. Weinheim

Hilger, Gerd (1991): Aspekte des modernen brasilianischen Theaters. In: H. Adler (Hrsg.): Theater in Lateinamerika. Ein Handbuch. Berlin

Hügli, Anton (Hrsg.) (1997): Philosophielexikon. Personen und Begriffe der abendländischen Philosophie von der Antike bis zur Gegenwart. Reinbek bei Hamburg

Hüttler, Michael (2005): Unternehmenstheater – vom Theater der Unterdrück-ten zum Theater der Unternehmer?. Eine theaterwissenschaftliche Betrachtung. Stuttgart

ITO (2004): Die Grundsatzerklärung der internationalen Organisation des Theaters der Unterdrückten. In: H. Wiegand (Hrsg.): Theater im Dialog: heiter, aufmüpfig und demokratisch. Deutsche und europäische Anwendungen des Theaters der Unterdrückten. Stuttgart

Koch, Gerd (1993): „... gegen den Strich zu bürsten" Versuche mit Augusto Boals Theatervorschlägen. Ein Bericht. In: B. Ruping (Hrsg.): Gebraucht das Theater. Die Vorschläge Augusto Boals. Erfahrungen, Varianten, Kritik. Münster, Hamburg

Koch, Gerd/ **Streisand**, Marianne (Hrsg.) (2003): Wörterbuch der Theaterpädagogik. Berlin, Milow

Koudela, Ingrid D. (1993): Der befreite Zuschauer. In: B. Ruping (Hrsg.): Gebraucht das Theater. Die Vorschläge Augusto Boals. Erfahrungen, Varianten, Kritik. Münster, Hamburg

Koudela, Ingrid D. (1995): Brecht in Brasilien: Utopie des Theaters oder Theaterpädagogik?. In: R. Steinweg: Lehrstück und episches Theater. Brechts Theorie und die theaterpädagogische Praxis. Frankfurt am Main

Kreuder, Friedemann (2007): Brecht, Bertolt. In: M. Brauneck, W. Beck (Hrsg.): Theaterlexikon 2. Schauspieler und Regisseure, Bühnenleiter, Dramaturgen und Bühnenbildner. Reinbek bei Hamburg

Kuhla, Holger/ **Mühl-Benninghaus**, Wolfgang (2005): Vom politischen Theater zum Theater der Politik. In: B. Haas (Hrsg.): Macht. Performativität, Performanz und Polittheater seit 1990. Würzburg

Lange, Ernst (1973): Einführung. In: P. Freire: Pädagogik der Unterdrückten. Bildung als Praxis der Freiheit. Reinbek bei Hamburg

Lehmann, Hans-Thies (1999): Postdramatisches Theater. Frankfurt am Main

Lehmden, Andrea von (2003): Augusto Boals Legislatives Theater als Instrument der politischen Partizipation? Möglichkeiten und Grenzen des politisch engagierten Theaters. Magisterarbeit. Erlangen

Letsch, Fritz (2003): Unsichtbares Theater. In: G. Koch, M. Streisand (Hrsg.): Wörterbuch der Theaterpädagogik. Berlin, Milow

Lilienthal, Matthias/ **Philipp**, Claus (2000): Schlingensiefs Ausländer Raus. Bitte liebt Österreich. Dokumentation. Frankfurt am Main

Lochte, Julia/ **Schulz**, Wilfried (Hrsg.) (1998): Schlingensief! Notruf für Deutschland. Über die Mission, das Theater und die Welt des Christoph Schlingensief. Hamburg

Maubach, Bernd (2005): Christoph Schlingensiefs Deutschlandtrilogie. Geschichts- und Gesellschaftsdiagnose im Film. Examensarbeit. Kassel

Neuroth, Simone (1994): Augusto Boals „Theater der Unterdrückten" in der pädagogischen Praxis. Weinheim

Piepel, Arnold (1993): Handlungsmodelle für die Zukunft – das Forumtheater. In: B. Ruping (Hrsg.): Gebraucht das Theater. Die Vorschläge Augusto Boals. Erfahrungen, Varianten, Kritik. Münster, Hamburg

Romain, Lothar/ **Wedewer**, Rolf (1972): Über Beuys. Düsseldorf

Rubin, William S. (1972): Dada und Surrealismus. Stuttgart

Ruping, Bernd (Hrsg.) (1993): Gebraucht das Theater. Die Vorschläge Augusto Boals. Erfahrungen, Varianten, Kritik. Münster, Hamburg

Schlingensief, Christoph (1998): Wir sind zwar nicht gut, aber wir sind da. In: J. Lochte, W. Schulz (Hrsg.): Schlingensief! Notruf für Deutschland. Über die Mission, das Theater und die Welt des Christoph Schlingensief. Hamburg

Schlingensief, Christoph (2009): So schön wie hier kanns im Himmel gar nicht sein! Tagebuch einer Krebserkrankung. Köln

Schumacher, Horst/ **Beck**, Wolfgang (2007): Boal, Augusto. In: M. Brauneck, W. Beck (Hrsg.): Theaterlexikon 2. Schauspieler und Regisseure, Bühnenleiter, Dramaturgen und Bühnenbildner. Reinbek bei Hamburg

Selle, Gert (1994): Betrifft Beuys. Annäherung an Gegenwartskunst. Unna

Short, Robert (1984): Dada und Surrealismus. Stuttgart, Zürich

Smeliansky, Anatoly (1997): Ein neues Stanislawski-Bild im Vergleich mit Brecht. In: I. Hentschel, K. Hoffmann, F. Vaßen (Hrsg.): Brecht & Stanislawski und die Folgen. Berlin

Stachelhaus, Heiner (2006): Joseph Beuys. München

Steinweg, Reiner (1972): Lehrstück: Brechts Theorie einer politisch ästhetischen Erziehung. Stuttgart

Steinweg, Reiner (1995): Lehrstück und episches Theater. Brechts Theorie und die theaterpädagogische Praxis. Frankfurt am Main

Sting, Wolfgang (2005): Theaterpädagogik/Theatertherapie. In: E. Fischer-Lichte, D. Kolesch, M. Warstat (Hrsg.): Metzler Lexikon Theatertheorie. Stuttgart, Weimar

Thorau, Henry (1982): Augusto Boals Theater der Unterdrückten in Theorie und Praxis. Dissertation. Rheinfelden

Thorau, Henry (1989): Augusto Boal oder Die Probe auf die Zukunft. In: A. Boal: Theater der Unterdrückten. Übungen und Spiele für Schauspieler und Nicht-Schauspieler. Frankfurt am Main

Thorau, Henry (2003): Theater der Unterdrückten. In: G. Koch, M. Streisand (Hrsg.): Wörterbuch der Theaterpädagogik. Berlin, Milow

Toro, Fernando de (1991): Brecht und Lateinamerika. In: H. Adler (Hrsg.): Theater in Lateinamerika. Ein Handbuch. Berlin

Vaßen, Florian (1993): Wider die Banalität des Alltags. Acht Punkte zu Augusto Boal. In: B. Ruping (Hrsg.): Gebraucht das Theater. Die Vorschläge Augusto Boals. Erfahrungen, Varianten, Kritik. Münster, Hamburg

Weintz, Jürgen (1999): Vorwort. In: A. Boal: Der Regenbogen der Wünsche. Methoden aus Theater und Therapie. Seelze (Velber)

Weintz, Jürgen (2004): Augusto Boals erweitertes Theaterkonzept: Die prospektiven und introspektiven Techniken. In: H. Wiegand (Hrsg.): Theater im Dialog: heiter, aufmüpfig und demokratisch. Deutsche und europäische Anwendungen des Theaters der Unterdrückten. Stuttgart

Wiegand, Helmut (1999): Die Entwicklung des Theaters der Unterdrückten seit Beginn der achtziger Jahre. Dissertation. Stuttgart

Wiegand, Helmut (Hrsg.) (2004): Theater im Dialog: heiter, aufmüpfig und demokratisch. Deutsche und europäische Anwendungen des Theaters der Unterdrückten. Stuttgart

Wissenschaftlichen Rat der Dudenreaktion (Hrsg.) (1999): Brockhaus. Die Enzyklopädie. Zwanzigste, überarbeitete und aktualisierte Auflage. Neunundzwanzigster Band. Deutsches Wörterbuch II. GRÜN-RICH. Leipzig, Mannheim

Wrentschur, Michael (2003): Forumtheater. In: G. Koch, M. Streisand (Hrsg.): Wörterbuch der Theaterpädagogik. Berlin, Milow

Zeitschriftenartikel

Anthroposophie heute (Mai 2003): „Ich möchte einen eigenen Atem haben". Im Gespräch mit dem Aktionskünstler und Theaterregisseur Christoph Schlingensief. Gesprächsführung: Birgit Löwe

EPD-Film (1989): Portrait Christoph Schlingensief. Autor: Dietrich Kuhlbrodt

Kunstforum (Oktober 1998), Band 142: Lieblingsziel Totalirritation. S. 94-101. Autor: Marion Löhndorf

Theater der Zeit (Oktober 2000): Der Theatermacher. S.37-39. Autor: Sandra Umathum

Theater der Zeit (Oktober 2002): Inquizition 2002. Christoph Schlingensief im Gespräch mit Thomas Irmer. S. 10-11. Gesprächsführung: Thomas Irmer

Theater der Zeit (2003), Arbeitsbuch: Christoph Schlingensief. Regisseur der schnellen Reaktion. S. 114-151. Autor: Sandra Umathum

Theater heute (Dezember 1978): Das bürgerliche Theater unterdrückt uns. Ein Gespräch mit Augusto Boal. S. 49-51. Gesprächsführung: Henry Thorau

Theater heute (August/September 2000): Container, Kunst und Demokraten. Ein Besuch in Schlingensiefs Asylanten-Wohnheim. Autor: Josef Bierbichler

Theater heute (August/September 2000): Der Theatervirus. Peter Sloterdijk im Gespräch mit Christoph Schlingensief. Gesprächsführung: Peter Sloterdijk

Theater heute (Januar 2003): Theater Ihres Vertrauens. Potitainment ist die Kehrseite des Scheuklappentheaters: über Bühne und Politik, Medien und Jürgen W. Möllemann. Autor: Christoph Schlingensief

Theater heute (August/September 2007): „Ich liebe es, abends den Grill aufzubauen". Christoph Schlingensief über sein schwieriges Verhältnis zum Theater und die Suche nach der Dunkelphase zwischen den Bildern. Gesprächsführung: Eva Behrendt

tip Berlin (Januar 2005): Ich wollte schon immer Chefarzt werden. Christoph Schlingensief über seine Pläne für das Deutsche Theater. Gesprächsführung: tip

Vogue (Mai 2004): Eule und Ratte. Alexander Kluge: Seine Filme sind Kult, als

Autor fehlt ihm eigentlich nur der Nobelpreis. Christoph Schlingensief: Das immer aufregende Kulturereignis. Ihr Anliegen: Das Glück. Gesprächsmoderator: Mathias Forster

Zeitungsartikel

Berliner Morgenpost vom 16. Juni 2000: Polizei ermittelt gegen Schlingensief. Autor: Unbekannt

Berliner Morgenpost vom 30. Dezember 2003: „Es wird keinen Skandal geben". Der Regisseur Christoph Schlingensief beerdigt das Fernsehen und verspricht Demut bei den Bayreuther Festspielen. Autor: Christoph Schlingensief

Die Welt vom 22. Dezember 2005, Interview: „Ich habe keine frohe Botschaft". Christoph Schlingensief über Religion, Mitleid, Zwänge und die Frage, wie er seit 45 Jahren mit seinen Eltern Weihnachten feiert. Interviewer: Kai Luehrs-Kaiser

Die Zeit vom 29. Juni 2000, Nr. 27: Im Land der Lächler. Über Jelinek, Wuttke und Schlingensief, über Salzgurken und Sachertorten: Sittenbilder aus dem Künstlerkampf gegen die neue Regierung in Wien. Autor: Thomas Miessgang

Die Zeit vom 21. April 2005, Nr. 17: Wer hat Angst vor Horst Köhler? Wir nicht! Autor: Christoph Schlingensief, Carl Hegemann

Frankfurter Allgemeine Zeitung vom 04. März 2010, Nr. 53: Mein idealer Künstler zurzeit. Autor: Georg Seeßlen

Frankfurter Rundschau vom 6. Oktober 2001, Nr. 232: Jesus und Mohammed im Paternoster. Zuhause beim Künstler der Beschmutzung: ChristophSchlingensief und wie er die Welt nach dem 11. September sah. Autor: Petra Kohse

Kurier vom 2. Juni 2000: „Haider muss man durchspielen". Christoph Schlingensief über sein Container-Projekt „Bitte liebt Österreich" bei den Festwochen. Autor: Veronika Franz

Süddeutsche Zeitung vom 15. Juni 2000: Ausländer raus! Christoph Schlingensief macht aus „Big Brother" Ernst – und viele fragen sich, ob das Kunst oder Wirklichkeit ist. Autor: Helmut Schödel

taz vom 25./26. Oktober 1997: Viele Freunde und ein Volkschor für alle. Christoph Schlingensief zeigte in der Hamburger Bahnhofsmission, dass Theater und Welt keine Paralleluniversen sein müssen. Autor: Christiane Kühl

taz vom 19. Juni 2000: Der Lackmustest. Der Mann aus Sri Lanka ist der Gewinner. Christoph Schlingensiefs präzises Spiel mit dem Zynismus ist zu Ende gegangen – und alle haben mitgespielt und Farbe bekannt. Autor: Cornelia Niedermeier

Internetquellen

Briegleb, Till (o.J.): Christoph Schlingensief – Ein Portrait unter:
http://www.schlingensief.com/bio_goethe.php
Zugriff am: 02. Mai 2008

Britto, Geo (2008): Augusto Boal für den Friedensnobelpreis nominiert – Brief von CTO Rio unter:
http://www.arge-forumtheater.at/content/view/82/2/
Zugriff am: 25. Juli 2008

Das Schlingensief Theater (o.J) unter:
http://www.schlingensief.com/theater.php
Zugriff am: 02. Mai 2008

Hochschule für Bildende Künste Braunschweig (2009) unter:

http://www.hbk-bs.de/aktuell/details/04116/
Zugriff am: 22. Februar 2010

Hoff, Sigrid (2009): "DEM HIMMEL ZU NAH" (DEUTSCHE WELLE) unter:
http://www.schlingensief.com/
Zugriff am: 22. Februar 2010

Horst, Jörg van der (2008): Christoph Schlingensief unter:
http://www.schlingensief.com/schlingensief.php
Zugriff am: 02. Mai 2008

Lumplecker, Stefan (2004): Augusto Boal unter:
http://www.paulofreirezentrum.at/index.php?Art_ID=174
Zugriff am: 29. Juni 2008

Meyers Lexion online (o.J.): Rebell unter:
http://lexikon.meyers.de/meyers/Rebell
Zugriff am: 09. August 2008

Off-Theater nrw, (o.J.): Augusto Boal unter:
http://www.off-theater.de/boal/index.php
Zugriff am: 02. Mai 2008
Zugriff am: 19. Februar 2010

Schaper, Rüdiger (2008):"Zwischenstand" der Krankheit: Christoph Schlingensief im Gorki Theater unter:
http://www.schlingensief.com/
Zugriff am: 22. Februar 2010

Seeßlen, Georg (o.J.): Über die Filme, das Theater und die Talkshow unter:
http://www.schlingensief.com/bio_seesslen.php
Zugriff am: 02. Mai 2008

Schlingensief (o.J.) unter:
http://www.schlingensief.com/start.php

Zugriff am: 02. Mai 2008
http://www.krank-und-autonom.de/weblog/?page_id=292
http://www.krank-und-autonom.de/weblog/?cat=5
Zugriff am: 22. Februar 2010
http://www.schlingensief.com/
Zugriff am: 15. März 2010
Zugriff am: 10. Mai 2010
http://www.festspielhaus-afrika.com/weblog/?page_id=23
Zugriff am: 15. März 2010

Schlingensiefs Aktionen (o.J.) unter:
http://www.schlingensief.com/projekt.php?id=t012
http://www.schlingensief.com/projekt.php?id=t014
http://www.schlingensief.com/projekt.php?id=t033
Zugriff am: 02. Mai 2008
http://www.schlingensief.com/projekt.php?id=b001
Zugriff am: 22. Februar 2010

SCHLINGENBLOG- Blog von Christoph Schlingensief (o.J.) unter:
http://www.schlingenblog.posterous.com/?page=3
Zugriff am: 20. März 2010

Schlingensief Werkübersicht (o.J.) unter:
http://www.schlingensief.com/arbeiten.php
Zugriff am: 02. Mai 2008

Wagner, Katharina (2009): B.Z.-KULTURPREIS FÜR CHRISTOPH SCHLINGENSIEF unter:
http://www.schlingensief.com/weblog/?p=316
Zugriff am: 22. Februar 2010

Filmmaterial

Schlingensief und seine Filme. Von Frieder Schlaich. DVD, Deutschland, 2005, ca. 110 Min

Ausländer Raus! – Schlingensiefs Container. Von Paul Poet. DVD, Österreich, 2005, ca. 110 Min

Zusätzliches Material

Fotos: © Brigitte Bauer 11. Juni 2008
© Brigitte Bauer 02. März 2010

7. Abkürzungsverzeichnis

bzw.	beziehungsweise
dt.	deutsch
ebd.	Ebenda
f.	(die) folgende Seite
ff.	(die) folgenden Seiten
Hrsg.	Herausgeber
Kap	Kapitel
o.A.	ohne Angabe
o.J.	ohne Jahresangabe
o.S.	ohne Seitenangabe
p.Th.	politisches Theater
s.	siehe
u.a.	und andere
usw.	und so weiter
vgl.	vergleiche
z.B.	zum Beispiel
z.T.	zum Teil
zit. n.	zitiert nach

Danksagung

Ich möchte folgenden Personen für Ihre großartige Hilfe, Unterstützung und Ermutigung danken. Ohne sie wäre die Studie in der vorliegenden Weise nicht möglich gewesen.
Ein großes Dankeschön an: Prof. Dr. Mona Sabine Meis, Prof. Dr. Klaus Hansen, Prof. Dr. Jürgen Weintz, Annette Bauer, Marion Portz-Kube und Teresa Majewski.

***ibidem*-Verlag**
Melchiorstr. 15
D-70439 Stuttgart
info@ibidem-verlag.de

www.ibidem-verlag.de
www.ibidem.eu
www.edition-noema.de
www.autorenbetreuung.de

Zeitfracht Medien GmbH
Ferdinand-Jühlke-Straße 7
99095 Erfurt, Deutschland
produktsicherheit@kolibri360.de